JN084396

STUDY

New
新版
Edition

ゼミで学ぶ

スタディスキル

MINAMIDA Katsuya　南田　勝也

YATABE Keisuke　矢田部圭介

YAMASHITA Reiko　山下　玲子

著

北樹出版

SKILLS

は じ め に

■スタディスキルを学ぶ意義

　本書は、大学に入学したみなさんが、大学における授業の形態に慣れ、レポートの書き方を習い、発表をこなすまでの一連を案内した本です。段階を踏んでスタディスキル（学修のための技能）を身につけることを目標にしています。

　わたしたち執筆者がスタディスキルを解説する上で心がけていたのは、実践的な技能習熟に重点を置こうという点です。大学に進学するということは、学問の世界に足を踏み入れることにほかなりません。その世界の独特のルールや形式に、まずは慣れる必要があります。「型」を技能として習熟することによって、はじめて創造性や発展的思考能力を発揮することができます。逆にいえば、フリープレイを自在に行うためには、基本的な型を身体に覚えこませなければならないのです。

　ただし、覚えるだけの型は、強制的かつ平板な学習になりがちです。そこで本書は、そのルールや形式がなぜ必要とされるのか、背景にある理念や効率についても解説しています。たとえば、なぜ講義でノートをとらなければならないのか、なぜレポートを作成するときにアウトラインを作成した方がよいのか、なぜインターネットの文章をコピー＆ペーストしてはいけないのか。こういったことの理由を説明することで、学びの意義の重要性を確認できるようになっています。

　また、具体的なよい例を示すことを心がけ、「学ぶ」精神をキーワードとしました。レポート例やレジュメ例については、あえて少し高めの到達難易度を設定して作成しています。その意味では、初年度教育向けといっても、とくに第6章以降のレポートの書き方については、長文レポートや卒業論文の「質」の向上に役立つ内容になっています。上位学年になっても参照する機会は多いと思いますので、長くつきあうテキストとしてください。

■ゼミで学ぶということ

　さらに本書には、類書にない大きな特徴があります。それが、タイトルにもあるように、「ゼミで学ぶ」という点です。

　基本的に、大学での学び方の習得やレポートの作成、プレゼンテーションの練習は、個人で行う性質のものです。そういった個人レッスンのためのテキストは数多く出版されていますが、それを読み込み実践することは、孤独な作業になりがちです。一方で、大学での演習には共同研究やグループワークがあり、それらの学びの解説に特化したテキストもあります。全体での報告書づくりの課題があるときなどは、共同で成果を生みだすことを目標としたそちらのテキストを参照するのもよいでしょう。ただし、グループワークでは個人の能力の修練に結びつかない場合もあります。

本書は、個人がそれぞれ自分なりのスキルを習得して思考力をのばしていく修練を行いつつ、同時に、他者の学修に相互に協力するというかたちをとります。個人が目指す到達の目標を、集団の力を借りることによって達成しようという点に本書の特徴があり、そのためにゼミの時間と空間を利用しましょうという提案を行っています。

　ゼミでの共同作業を通して個人個人の力をつける仕掛けを、本書では随所に用意しています。たとえば、ゼミで講義ノートをとる練習をしたのちにお互いのノートを見せあって優秀な出来映えのものを確認しあったり、レポートのアイディアをほかのゼミメンバーに出してもらったり、レポートで行うアンケート調査やインタビュー調査をゼミ内部で実施したり、といった仕掛けです。

　ゼミは、なれあいの場でもなければひとつの解答を出す場でもありません。それは、多様な考えをもつ個人個人が集結している場であり、自分の考えだけでは及ばなかった視点や情報を相互に提供してもらう時間／空間なのです。

　よりスムーズにゼミを利用できるように、ほとんどの章には課題シートがついています。それらを、切りとったり、コピーしたり、ウェブで共有したりして利用してください。本書が大学生活における「学修のための技能（スタディスキル）」を習得することに役立てば幸いです。

〔新版にあたって〕

　本書は、武蔵大学社会学部を中心として設立された武蔵社会学会の協力のもと作成しました。武蔵大学は「ゼミの武蔵」を内外にアピールしている大学ですが、それにふさわしいテキストを作ろうという動機が、わたしたち執筆者を支えてくれました。最初の刊行から2年で改訂版を、それから4年で第3版を、そして7年経ち新版を出版することができたのは、実際にゼミで本書を使用して学生のみなさんからフィードバックを得ることができ、その声を活かそうと考えたからでした。

　今回の新版は、コロナ禍を経た大学の教育現場に合わせたアップデートを行いました。具体的には、ウェブ会議システム（Zoom など）や教育用グループウェア（Google Classroom など）を用いたオンライン授業が増えたことに合わせて、ゼミでのコラボレーションの方法に工夫を加えました。また、各種リンクやテキスト紹介を最近のものに変更し、レポート作りの過程を現実的な思考の流れが反映されたものに改訂し、より見やすい表記やレイアウトを取り入れるなど、改訂版にふさわしい大幅な変更を行いました。

　企画当初から出版後に至るまで何度も打ち合わせを行い、わたしたちのさまざまな要望に柔軟に対応してくださる北樹出版の福田千晶さんに、改めて御礼申し上げます。また、近年、本書の採用大学が増えて、わたしたちは実際に会ったことはないけれども全国の大学1年生の皆さんに本書が読まれていることを知り、とてもありがたく感じております。本書がゼミで活用されることを願ってやみません。

執筆者代表　南田　勝也

Contents

第1章　大学に入ったら 13

Step1〉〉〉　大学での学問生活 13

　　1．活字に触れる(14) 2．メモをとる(14) 3．情報源を多くも
つ(14)

Step2〉〉〉　大学での人との交流 14

　　1．自分たちが所属する大学や地域のことを知ろう(15) 2．ゼ
ミは自分たちが運営主体(15) 3．ゼミでの役割を決めよう(16)

Step3〉〉〉　ゼミ参加ゲーム 16

　　1．他己紹介(17) 2．Q&Aセッション(17)

Step4〉〉〉　スタディスキルを磨こう 19

第2章　ノートのとり方 20

Step1〉〉〉　大学の講義の特徴 20

Step2〉〉〉　ノートのとり方のコツ 23

Step3〉〉〉　授業風景とノートテイキングの練習 24

Step4〉〉〉　復習とノート 26

第3章　要約の仕方 27

Step1〉〉〉　なんのために要約するのか：
　　　　　　要約するとは理解すること 27

Step2〉〉〉　何を要約すべきか：要約の対象 28

Step3〉〉〉　要約する1：読みこなし方 28

　　1．文章のテーマを把握する(28) 2．文章の問いを把握する(29)
　　3．問いに対する答えを把握する(30) 4．問いと答えがどのよ
うに結びつけられているか、把握する(30)

Step4〉〉〉　要約する2：書き方 32

　　1．まとまりごとの文章をつくる(32) 2．まとまり同士を結びつける
(34) 3．字数を整える(35) 4．文章の構造を把握するということ(37)

第4章　図書館を利用しよう 38

Step1〉〉〉　図書館の利用にあたって 38

Step2〉〉〉　本の種類と整理 ……………………………………………………… **39**

Step3〉〉〉　検索の仕方１：OPAC の使い方 …………………………… **41**

Step4〉〉〉　検索の仕方２：オンラインデータベースの使い方 ……… **43**

第５章　本のレビューとレコメンド ………………………………………… **45**

Step1〉〉〉　レビューとレコメンド ……………………………………… **45**

　　１．レビューとレコメンド（45）２．どのような本を読んだのか
（46）３．本のレビューを書くには（46）

Step2〉〉〉　本の紹介テクニック ………………………………………… **47**

　　１．内容をしっかり把握しよう（47）２．あなたの評価を加えよ
う（47）３．本に関する情報をしっかりと入れよう（48）

Step3〉〉〉　本のレビューを使った議論１：プレゼンテーション編 …… **48**

　　１．発表は「独り言」ではない（48）２．具体例を交えて話す（49）

Step4〉〉〉　本のレビューを使った議論２：質疑応答編 ……………… **49**

　　１．聞き手は「発表者」の立場になる（50）２．かならず１回は
質問する、質問は納得いくまで続ける（50）３．質問を想定する（51）

第６章　レポート作成１：問題設定 ………………………………………… **52**

Step1〉〉〉　レポートとは ………………………………………………… **52**

Step2〉〉〉　レポート作成の段取り ……………………………………… **54**

Step3〉〉〉　テーマを決め、確認をする ………………………………… **55**

　　１．テーマを決める（55）２．学部や学科の卒論のテーマを確認する（57）

Step4〉〉〉　問いをたて、妥当性を確認する ………………………… **57**

　　１．問いをたてる（57）２．その問いが妥当な問いであるかを確認する
（58）

　　Column１：善し悪しを問いにすることの難しさ（60）

第７章　レポート作成２：アウトラインの作成 ………………………… **62**

Step1〉〉〉　ディスカッションを行う …………………………………… **62**

Step2〉〉〉　基礎知識を得て、答えを予想する ………………………… **63**

Step3〉〉〉　アウトラインの作成１：序論と結論 ……………………… **64**

　　１．序論（65）２．結論（65）

Step4〉〉〉　アウトラインの作成２：本論 ……………………………… **66**

　　１．論証に必要なポイントを選びだす（66）２．ポイントを流れ
として整理する（66）３．ポイントに肉づけする（67）

Column2：基礎資料にあたる（69）

Column3：アウトラインをふくらます（71）

第8章　レポート作成3：先行研究の調査 ……………………………………… 73

Step1〉〉〉　先行研究の重要性 ………………………………… 73

1．なぜ先行研究が必要か？(73) 2．先行研究はかならずある(74)

Step2〉〉〉　先行研究の探し方 ………………………………… 76

1．辞典・事典から探す (76) 2．入門書や講座を探す(77) 3．研究書や研究論文を探す (78)

Step3〉〉〉　先行研究の在処 ………………………………… 79

1．書誌情報がはっきりしている場合(79) 2．書誌情報がはっきりしていない・キーワードで探したい(79)　3．本や論文をどのように入手するか(80)

Step4〉〉〉　データを保管する ………………………………… 81

第9章　レポート作成4：二次資料を利用した調査編 …………………… 83

Practice1〉〉〉　アンケートやランキングデータ資料の再分析 ……… 83

1．アンケートやランキングデータは「サンプル」が命(83)

2．もとのデータにできるだけさかのぼる(84) 3．大規模サンプルを利用したアンケート結果やランキングデータの例(85)

Practice2〉〉〉　インタビュー記録の再分析 …………………… 86

1．インタビュー記録を別の視点から見る(86)

2．もとの資料にできるだけあたる(87) 3．インタビュー記録を用いた文献例(87)

Practice3〉〉〉　記事・メディアコンテンツ資料の再分析 …………… 88

1．記事やメディアコンテンツ資料は取り扱いが大変(88)

2．オリジナルデータにあたるのも難しい(89) 3．テーマに沿って集めた記事やメディアコンテンツ資料を見るためには(90)

Plus α〉〉〉　二次資料の利用における倫理的問題 …………… 91

1．調査結果の利用は「引用」と同じ(91) 2．データの二次利用は「承認」が必要(92) 3．いずれにせよ他者に対する「敬意」が必要(92)

第10章　レポート作成4：実査編 93

Practice1〉〉〉　アンケート調査の実際 93
1．誰に調査するのか(93) 2．アンケート票作成にあたって(94)
3．アンケート調査の限界(94) 4．アンケート調査についてさらに学ぶために(95)

Practice2〉〉〉　インタビュー調査の実際 95
1．インタビュー調査とは(95) 2．インタビュー調査における留意点(96) 3．インタビュー調査の限界(97) 4．インタビュー調査についてさらに学ぶために(97)

Practice3〉〉〉　資料調査の実際 98
1．資料調査（メディア分析）とは(98) 2．テキストの内容を量的に分析する(99) 3．テキストの内容を質的に分析する(99)
4．メディア分析の限界(100) 5．調査法の実際(100)

Plus α〉〉〉　社会調査に際しての倫理的問題 101
1．質問内容の問題(101) 2．アンケート用紙やアンケートデータ・インタビュー記録の扱い(102) 3．調査対象者への配慮(102)
4．倫理規程などの紹介(103)

第11章　レポート作成4：ワークショップ調査編 104
Practice1〉〉〉　アンケートをしてみよう 104
Practice2〉〉〉　インタビューをしてみよう 106
Practice3〉〉〉　資料集めをしてみよう 107
Plus α〉〉〉　レポートでの記述上の注意 107

第12章　レポート作成5：引用・参照の仕方 109
Step1〉〉〉　適切な引用を 109
1．学術的な文章でのオリジナリティとは何か(109) 2．引用・参照するということ(110) 3．その引用・参照は適切か、適切でないか(111)

Step2〉〉〉　引用・参照のルール 112
1．文中での略記号の記し方(112) 2．文中での引用・参照の書き方(113)

Step3〉〉〉　参考文献リスト 116
1．参考文献の表記の仕方(116) 2．参考文献リストの表記の仕方(118)

Step4》》　適切な引用と参考文献リスト作成の実践　　　………　*119*

第13章　レポート課題提出と反省点の振り返り　………　*120*

Step1》》　書式の統一　　　………………………　*120*

Step2》》　推敲の重要性　　　………………………　*124*

Step3》》　注釈と最終チェック　　　………………　*128*

Step4》》よりよいレポート・論文を仕上げるために　　………　*128*

第14章　レジュメの作成　………………　*130*

Step1》》　レジュメとは何か　　　………………　*130*

　　1．レジュメとは(130)　2．レジュメの形式(130)

Step2》》　紙のレジュメの作成　　………………　*131*

　　1．必要情報を入れる(131)　2．数字、記号、図形などを活用す
る（134)　3．資料や図表も入れる(134)　4．コンパクトに示す
(134)

Step3》》　パワーポイントのレジュメの作成例　　………　*135*

　　1．表紙の作成(135)　2．スライドの作成(135)　3．スライドの
完成(136)

Step4》》　レジュメ以外に用意するもの　　………　*137*

　　1．手元資料を用意する(137)　2．読み原稿を用意する(137)

　　Column4：文献講読とレジュメ(138)

第15章　自説発表と議論　………………………　*139*

Step1》》　自説発表のポイント　　　………………　*139*

Step2》》　発表と議論の流れ　　………………　*142*

　　1．ゼミでの役割分担(142)　2．発表と議論の流れ(143)

Step3》》　よりよい議論のために1：何を議論するのか　………　*144*

　　1．事実の問題(145)　2．価値の問題(145)

Step4》》　よりよい議論のために2：なんのために議論するのか……　*146*

　　1．理解すること(146)　2．批判すること(147)　3．議論が成功
するとはどういうことか(147)

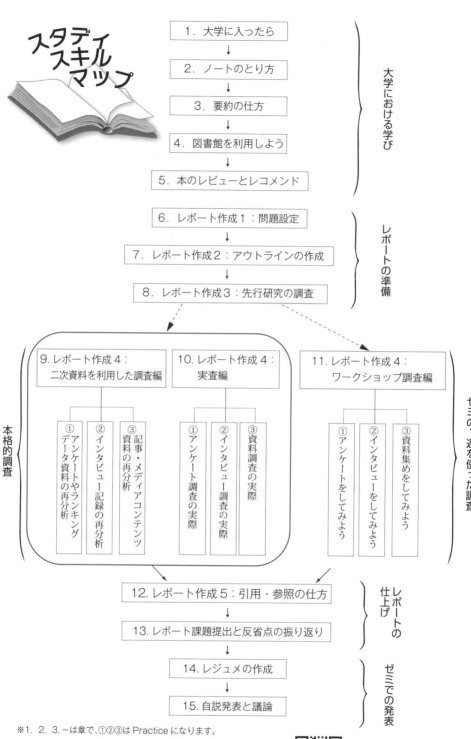

スタディ
スキル
マップ

1. 大学に入ったら
↓
2. ノートのとり方
↓
3. 要約の仕方
↓
4. 図書館を利用しよう
↓
5. 本のレビューとレコメンド

大学における学び

6. レポート作成1：問題設定
↓
7. レポート作成2：アウトラインの作成
↓
8. レポート作成3：先行研究の調査

レポートの準備

9. レポート作成4：
二次資料を利用した調査編

① アンケートやランキングデータ資料の再分析
② インタビュー記録の再分析
③ 記事・メディアコンテンツ資料の再分析

10. レポート作成4：
実査編

① アンケート調査の実際
② インタビュー調査の実際
③ 資料調査の実際

11. レポート作成4：
ワークショップ調査編

① アンケートをしてみよう
② インタビューをしてみよう
③ 資料集めをしてみよう

本格的調査

ゼミの1週を使った調査

12. レポート作成5：引用・参照の仕方
↓
13. レポート課題提出と反省点の振り返り

レポートの仕上げ

14. レジュメの作成
↓
15. 自説発表と議論

ゼミでの発表

※1. 2. 3. 〜は章で、①②③は Practice になります。

【課題シート】http://www.hokuju.jp/zemisuta/

New
新版
Edition

ゼミで学ぶ
スタディスキル

大学に入ったら

■ ■ ■ **本章のメニュー** ■ ■ ■

・自分の「問い」を広げよう
・他者との交流をしよう

　最近の大学では、初年度からゼミや演習が設けられているカリキュラムが多くあります。いま本書を手に取っているあなたは、初回のゼミの真っ最中かもしれません。ゼミではこれからさまざまなスタディスキルを習得していくわけですが、まず大事なことは、大学で学ぶ心構えをしておくことです。個人個人の心構えと、集団で協働することの心構え。本章では、2つの心構えについて解説し、それらを発揮できるゼミ参加ゲームを紹介します。

Step1 >>> 大学での学問生活

　大学での「学問」は、高校までの「学習」とは異なります。言葉のとおり、これまでは「学び習う」ことがメインだったわけですが、これからは「問い学ぶ」ことが求められます。自分ならではの「問い」を見つけて追求していくことが、さまざまな事柄を学ぶ動機となり、大学での学問生活を支えていくことでしょう。さらにいえば、その「問い」とは、知的な関心に支えられたものであり、知的好奇心によって掘り下げられていく種類のものです。それは、誰かに強制されて引き受けるものではありません。自分から能動的にその「問い」に関わっていくことが必要になるのです。

　能動的に「問い」に関わっていくといっても、肩肘を張る必要はありません。自分ならではの問題関心というものは、往々にして普段の生活のなかに潜んでいるからです。要は、自分の生活のなかでどれだけの「引き出し」を用意できるか自覚することです。一度じっくりとその引き出しをいくつもっているか数えてみましょう。まったくない？　いえいえ、あなたのこれまでの人生がそんなに何事もなく過ぎていったわけがありません。

　もし、何もないと考えた人がいたとすれば、それは自分を取り巻く情報に対して、これまで意識的でなかったというだけのことです。意識して自分の身の周りに生じていることを考えるために、たとえば次のようなことをしてみましょう。

活字に触れる

　現代社会では、さまざまなかたちで人々の知見に触れることができますが、やはり書き言葉である文章というものは、人の考えを伝達するのにもっとも優れた手段です。「新聞」は日々のニュースを詳細に知らせ「雑誌」は特化された情報を伝えてくれます。さらにひとつのテーマを掘り下げたいときは「新書」形式の単行本が知りたいことを解説してくれます。社会で起きていることに敏感になり、自分の知識の幅を広げ、自分の問いを探す過程は、まず活字に触れることから始めましょう。これは紙の媒体でも電子書籍でもウェブ記事でもかわりません。

 メモをとる

　そして次に、その日に生じたことでよいので、日記を書いてみましょう。後々にまで残る自分の財産になります。日記は3日と続かないという人もいるかと思いますが、メモをとる習慣を身につけるだけでも違います。ネットワーク社会の現代では、ブログやSNSなどに日々の雑記を書く人も多いですね。読んだ人からの反応があれば、続けてみようという動機にもなります。いずれにせよ何かしらのことを毎日考えて、その足跡を残す作業が大事なのです。

 情報源を多くもつ

　新聞もテレビも、それからSNSも、日々の情報や人々の知識を伝えてくれますが、人間が担い手である以上、その情報や知識には偏りが生じます。ひとつの情報源だけに集中していては視野が狭くなってしまうので、多くのメディアに接することが大切なのです。テレビ番組を見た後に、これをインターネットではどうまとめているかな、と検索してみたり、今ニュースで○○の支持が○パーセントといっていたけど信頼できるかな、と疑問をもつなど。メディアリテラシー[1]やアンケートリテラシー[2]の能力を鍛えていきましょう。

　そのような日々の繰り返しが、地力をつけることにつながります。大学の4年間は、あなたがじっくりと自分に向きあう時間を用意してくれています。知的な関心に根ざした自分ならではの「問い」というものにたどり着きましょう。

1　情報メディアを主体的に読み解いて、必要な情報を活用する能力のこと。真偽を見抜く眼力も鍛える必要があります。

2　統計データの信頼性やグラフの操作を見抜く力。社会調査系の授業を履修すると学べます。

Step2 ⟫⟫ 大学での人との交流 　　　⟫⟫

　自分を掘り下げる一方で、周りの人との対話の場を増やしていくことも大切

です。自分ひとりで考えられることには限界があります。「人は他者と刺激を与えあうことによって成長していく」、これは至言です。自分の知的好奇心や表現欲求を満たしてくれるのは、他者なのです。

　大学生活は、その意味でとても恵まれた環境です。高校までの生活が家族や学内、学区内の人間関係で完結していたとしたら、大学では、ゼミや語学のクラス、同じ学部、同じ学内、クラブ、サークル、ボランティアグループ、地域、留学先の地域、教授の教えてくれる大人の居場所（？）まで、果てしなく広がっています。これらを存分に活用しない手はありません。ただし、人間関係を広げていく行為が苦手な性格の人もいるでしょう。人づきあいは、人を疲れさせもするのです。しかしそういう人でも、「人間」に目を向けてみましょう[3]。きっとさまざまな発見があるはずです。

 ## 自分たちが所属する大学や地域のことを知ろう

　まずは、自分がどんな環境に暮らしているのかをあらためて見直してみましょう。たいていの大学の近くには、大学生を相手に商売するお店や団体があります。そこで働いている人たちは、昔からそこにいる人も多いので、さまざまな学生の姿を見てきているはずです。地域の団体と大学で、共同で行っている取り組みもあるかもしれません。つまり大学周辺には、地域の文化と学生の文化が混ざりあった独特の文化が形成されている可能性があります。暮らしには歴史があり、人にも歴史ありです。もちろん大学にも通史というものがあります。図書館に行けば、自分の通う大学の沿革や歴史を記した書誌が入手できます。ひととおり目を通してみるのもよいでしょう[4]。

　大学を知り、街を知れば、自分のいる場所に対する愛着もきっと強くなります。せっかく4年間も通う場所です。積極的によいところを見つけて、人と話すときの話題づくりにも活用しましょう。

 ## ゼミは自分たちが運営主体

　ゼミは、ほかの講義科目のような、知識をつける目的にとどまらない時間と空間を与えてくれます。もしあなたが、ゼミを、課題をこなして単位をもらうためだけの1コマと考えているとしたら、それはもったいないことです。ゼミは、まず社交の場であり、自分の発言と相手の発言とのやりとりによって成りたつ有機的な空間なのです。たとえ制度上、先生の授業計画に沿って進めていくとしても、ゼミメンバーひとりひとりが考えて動かないと、その空間は無機質なものになってしまいます。ゼミでは自分自身が運営主体。その意識をもちましょう。

3　人間に興味をもつということは、「人間観察」を行うことです。この世のあらゆる事象は、人間が思考し行動することによって成り立っています。自然現象にしても、人間の解釈や情報伝達がなければ、そこで生じたことの意味は私たちに届きません。一歩引いた目線で人間の行為を観察すれば、あなたの周りの人々の（同時に自分の）行動も、興味深く思えてくるでしょう。

4　大学によっては大学史に関連した授業が開講されている場合もあります。

ゼミでの役割を決めよう

　せっかくゼミという時間があるのに、発言を求められても押し黙ったままで、決まった友人とだけひそひそ話をして、ゼミが終わればバラバラに……では、少々味気ないと思いませんか。大学なんてつまらないと思い始めるのは、そのあたりに起因します。みなさんは、決まった時間にそこにいる責務だけをこなして単位を受けとるマシーンではないのです。とはいえ「みんなでひとつになろう！」というスローガンも、小学校じゃあるまいし、気恥ずかしいですよね。

　前項で「有機的な空間」といいましたが、全員が同じように振る舞うことが「つながる」ことではありません。人間の体に脳があり心臓があり胃腸があり、それぞれの機能を果たすことでひとつの生命体として成り立つのと同様に、自分が苦手なことはそれが得意な人にやってもらって、その代わり自分のできることをして全体に貢献することが、有機的なシステムなのです。

　では、そのような有機的システムをつくるためには、どうすればよいでしょうか。まずはゼミ代表（ゼミ長）、副ゼミ長、幹事役などの係を決めましょう。ゼミ長は先生からの連絡をメンバーに伝えたり、調査や実験などをゼミで実施するときの代表役となったりします。副ゼミ長はそのサポート役、幹事役はゼミ会の仕切り役などですね。ゼミの性格に応じて、合宿の委員や編集員、IT担当などの役職をつくってもよいかもしれません。リーダータイプ、調整役タイプ、宴会部長タイプ、秘書タイプ、人にはいろいろなタイプがいますが、それぞれの役割を自覚して果たしていくのが「ゼミを動かしていく」ということなのです。

　さて、ゼミ内での役職も決まり、それなりにかたちは整いました。しかしゼミのなかでどうやって自分をアピールしてよいかわからないし、どのように友人をつくればよいかもわからない……そんな人もいることでしょう。そこで、次の「ゼミ参加ゲーム」を実際にやってみることにしましょう。今後、共同作業を行っていくためにも、まず互いがどのような人物なのか、把握しておく必要があります。そうした目的に最適なゲームを2種類用意しました。

Step3 >>> 　ゼミ参加ゲーム　　　　　　　　　

　ここからは実践課題となります。ここでは、自己紹介とゼミ参加が一挙にできる技を2種類紹介します。ひとつは紙を用いる方法、もうひとつはウェブのツールを用いる方法で、オンラインゼミにも対応しています。どちらかを選択してやってみましょう。

1 他己紹介

　ここで紹介するのは、自己紹介ならぬ「他己紹介」です。ありきたりの自己紹介は、さほど面白くありません。自己アピールの得意な人ばかりならそれでもよいですが、そうでない人の場合は、自分の番がきたら何をしゃべろうかと緊張してしまい、ほかの人の印象がまったく残らないということにもなりがちです。

　それならばここはひとつ、ほかの人の紹介をしてしまうことにしましょう。はじめて出会ったゼミメンバーを、まるで旧知の友人のように紹介するのです。

　まず、ペアをつくります。これは任意ですが、先生にクジを用意してもらってもよいでしょう。奇数の場合は、ひとりは先生にペアになってもらいます。自分の名前とふりがなを記入した**課題シート 1A** を相手に手渡し、お互いにインタビューをします。時間は短く、相互に 1 分ずつとします。短い時間なので、インタビュー内容はメモ書き程度となります。

【課題シート 1A】

　記入し終わったら、その限られた情報をできるだけ膨らませて、順番に他己紹介を行います。当然、不正確な情報もありますが、紹介される側の人は、声を出してはいけません。つけ加えたいことがあっても、ここは我慢しましょう。

　ひととおり終わったら、今度は別の人とペアを組みます。取材される側は、先ほどの他己紹介で伝えられていなかったことを中心にしゃべり、取材する側は、前の人の残したメモ書きでは触れられていない側面を掘り下げます。今度は相互に 2 分ずつの時間をとります。

　記入し終わったら、あらためて他己紹介を行います。

　時間に余裕があれば、3 回繰り返してもいいですね。

　なお、他己紹介のルールとして、いうまでもないことですが、お互い悪口や非難の類いは行わないこと。長所を見つけてほめあう気持ちで取り組みましょう。

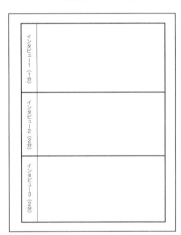

【課題シート 1A】

2 Q&A セッション

　対面授業で行う場合の前提として、ゼミ教室に教員用の PC とプロジェクターが備わっていて、学生諸氏がそれぞれネットに繋がったスマホ、タブレット、PC のいずれかをもっていることを必須とします。

　まず教員の準備からです。最初に、PC から Google フォームのウェブページを開き、プロジェクターに投影して全員が閲覧できる状態にします。

図 1-1

図 1-2

図 1-3

「新しいフォーム」を作成し、タイトルを「Q&A セッション」として、1問目の設問を、質問「ニックネーム、本名」、選択肢を「記述式」にし、「必須」にチェックも入れます（図1-1）。

次に、教員は着席順に学生を指名していきます。

名指しされた学生諸氏は、ゼミの他のメンバーに向けた「質問」を教員に伝えていきましょう。ひとり1問（人数が極端に少ない場合は2問）で、教員はそれをフォームに書き起こして質問のボックスを作成していきます（図1-2）。全員分の質問が作成されるまでこれを繰り返します。

それぞれの「質問」は、単純なものでもいいし、少し頭をひねらせたものでもかまいません。記述式でもいいですし、選択肢を設けてもいいです。ただし、機微情報[5]に関わることや社会通念に著しく反していることは訊いてはいけません。また、あまりにも単純な2択（犬と猫のどっちが好きですか）などは、あとで回答群のコメントを求められたときに困ることになるのでオススメしません。

質問例
・好きな音楽を教えてください。
・サークルに入る予定がありますか？サークル名も記入してください。
・高校生のときの面白エピソードを教えてください。
・この学部（学科）で何を学びたいと思っていますか。4つのうちから選んでください。

すべての質問が集まったら、教員は、右上の「送信」ボタンを押して、「送信方法」で「リンク」を選び、URL を生成します（図1-3）。これを何らかの方法——メール送信、SNS など、また並行してほかの教育用ツール（Google Classroom や Teams、Zoom など）を用いている場合はそのチャット欄など——でその場の全員に知らせます。あらかじめ QR コード生成のウェブページを開いておけば、すぐにコードが作ら

れるので、プロジェクター画面に示すこともできます。

　学生諸氏は、受け取った URL を手元のブラウザで開き、通常のアンケート回答と同じように回答していきます。なお、質問群のなかでどうしても答えたくない質問に対しては無回答でスキップしてもかまいません。

　教員は、いったんプロジェクターの画面をオフにして、回答の回収を確認します。全員分が提出されたら、再度プロジェクターに接続し、いよいよ発表です（図 1-4）

　お題を出した質問者（図 1-4 でいえば「好きな音楽を教えてください」と出題した人）が、発言者になります。モニターに映し出された回答群を見ながら、面白い回答をした人にさらに深掘りして訊いてみたり、回答全体の傾向にコメントしたりして、やりとりをつないでいきましょう。

図 1-4

5　機微情報とは、本人の思想信条や信教、国籍、社会的身分、病歴など、それが漏れた場合に重大な不利益を本人に及ぼす可能性のある個人情報のことで、センシティブ情報とも言います。

Step4 ▶▶▶ スタディスキルを磨こう ▶▶▶

　今回のゼミ参加ゲームをこなすだけでも、自分の「問い」についての何かしらの発見——たとえば、人は自分のこういう部分を面白いと思うのだ、といったようなこと——があったはずです。また、他者との交流という目標についても、ゼミメンバーの知られざる一面を知ることができ、身近に感じることができたのではないかと思います。ただし、今回行ったことは、軽いウォーミングアップです。

　次章からは、このテキストにしたがって、大学の講義の受け方から資料の調べ方、本を読む技術、発表の仕方、レポートの作成など、多岐にわたるメニューをこなしていきます。そのなかで、「問い」を「問題意識」に発展させて、論理的に考える力や、それを書き表す能力、問題を解決する能力を鍛えるとともに、自分の言いたいことを他者に伝えるプレゼンテーションの力や、他者の主張を聞いて状況を把握し、柔軟に対応する力を身につけていきます。

　課題はけっして少なくありません。時間を見つけて、次の週でやる章に関しては目を通して予習しておきましょう。

ノートのとり方

■■■ 本章のメニュー ■■■

・大学の講義の特徴を把握しよう

・ノートをとる際の工夫を考えてみよう

・実際にノートをとってみよう

　大学の講義は、高校までとは違います。決められた科目と学習目標があり、教科書があって練習問題があって……というパターンだけではありません。大学教員が独自の視点から各題材を研究した成果を講義の場で話し、学生はそれを見聞きして学ぶというのが大学の講義のスタイルです。これは対面講義でもオンライン講義でも変わりません。教員は、学生に対する教育の役目を担っていると同時に、研究者としての日々を送っています。その分、どこの教科書にも載っていない最新の研究内容が話されることもあるのです。

　したがって、講義の進め方も一様ではありません。たとえば一切ノートに書くことを促さず、淡々と語り続ける教員もいます。板書したとしてもキーワードしか記さない教員もいます。最初はそれに戸惑って、不親切だと憤慨することもあるかもしれません。しかし、あとで述べるように、教員は嫌がらせでそういうスタイルをとっているわけではありません。そのことに早く気づき、大学の講義に慣れておくことが大切です。

Step1 ≫≫≫　大学の講義の特徴　

　大学の講義を受ける際には、心構えが重要になります。単位修得のためだけに出席していると、つまらないと感じることも多いでしょう。ぼうっと聴いているだけでは得るものはないし、ほかの学生のおしゃべりが始まるとやる気も失せてきます。しかし、それは先生のせいでしょうか。あるいは大学の制度のせいでしょうか。たしかに教えるのが下手な先生もいます。その場合はFD[1]実施週の授業評価などで不満を書いて、先生に自覚を促しましょう。

　そうでない場合、つまり教え方が下手ではないのだが専門知識に興味がわかないというような場合は、みなさんの受講態度に原因があります。みなさんは授業料を払っています。時間単位で換算してみれば、その時間を無為に過ごすことがもったいないことに気づくはずです。まず知らないことにも興味をもち、自身の知的関心を最大限にオープンにして、「いまここで知識の伝達が

[1] ファカルティ・ディベロップメント（Faculty Development）の略称。教員の授業内容や教育方法などの改善・向上を目的とした組織的な取り組みの総称。現在ほとんどの大学で採用しています。FD実施週には、授業評価アンケートが実施されることが多いです。

行われている」という心構えで講義を受けることです。言い換えれば、「攻め」の気持ちで講義を受けようということです。自分自身のテーマにたどり着くためにも、講義の内容を積極的に吸収しましょう。

とはいえ、どうすれば講義を退屈に感じなくてすむでしょうか。気合いだけでは長続きしません。とくにオンライン講義の場合、ライブオンデマンドにせよ、ビデオ配信にせよ、自宅のデスクで孤独に視聴しつづけることになるので、想像以上に苦痛を伴います。

その解決のコツのひとつは、ノートをとることです。ノートをとることは、テスト対策をしたり復習したりするために重要なのですが、自分の手を動かし脳を刺激し続けて長丁場を乗り切る意味でも大事なのです。そこでスキルを伝授します。まずは講義スタイルをいくつかのタイプに分けて考えてみましょう。

・プリント配布タイプ

プリント（あるいはオンラインでのPDFファイル）を配ってくれる先生は親切ですが、いくつか種類があるので気をつけましょう。

そのひとつは、先生の手もとにある講義ノートとほぼ同じものを配るタイプです。この場合、基本的にはそのプリントを参照しながら、先生の説明をそこに書き加えていけばよいでしょう[2]。

次に、穴埋めの問題集のようなプリントを配るタイプです。ここで気をつけなければならないのは、先生の意図と学生の理解とのギャップが生まれることです。教員としては、講義でしゃべることが中心で、その補助としてプリントを配っています。つまり、しゃべることのなかに大事なメッセージが含まれているので、本当はノートをとって欲しいと思っています。しかし学生の側は、流し聴きをしつつ、穴埋めの箇所だけ埋めればいいという理解になりやすいのです。期末試験対策だけを考えればプリントの穴埋めをしておけばいいのでしょうが、攻める姿勢で講義を受けるなら、やはり口頭で伝えられることのメモ書きを行いましょう。

最後に、講義内容と部分的にしか関連しないプリントを配るタイプです。これは、資料や書籍の断片をコピーしたものや、難解な用語の説明を箇条書きにしたプリントのことです。教員は時間内に事細かな説明ができないことを見越して、「そちらも後で見ておいてください」というつもりで配っています。その際、勘違いして、プリントだけを集めておけばいいと思ってはなりません。あとで見返してもなんのことかわからないからです。講義に関してはノートをとり、それらのプリントは資料集として別に保存しておきましょう。

・板書（ホワイトボード）タイプ

プリントを配らないで、ひたすら板書をする教員もいます。教員側としては、

<hr />

2　ただし、試験方法には気をつけてください。期末試験で「手書きノートのみ持ち込み可」となっている場合は、せっかく真面目に授業を受けてメモを書き込んでいても、「資料」とみなされて持ち込みを不可とされてしまうからです。講義担当教員にあらかじめ期末試験のスタイルについて確認しておくとよいでしょう。

ポリシーとして、とにかく手を動かして欲しいと思っているわけです。この方法は、実際に自分で書き写しているわけなので、授業内容が記憶に残る率はプリント式よりも高いといえます。受講する側としては、とにかく遅れないように必死で書き写します。それがオンライン講義だったとしても、後で見返すことのできないリアルタイム配信の場合は、書き写すしかないですよね。

　ただ、時折、教員は手を止めます。学生が書く時間を待つ意味あいもありますが、大事な概念の説明など、時間をとって口頭で説明しているのです。そのときは、板書されたものだけでなくプラスアルファ分をノートに書き込むようにしましょう。なお、このタイプの教員は板書の字を読みやすくしている例が多いのですが、なかには字が汚い、字が小さい教員もいますし、書いて消すスピードが速すぎる場合もあります。オンライン講義の場合、学生側のモニター画面の小ささを配慮していないこともあります。これらは徐々に軌道修正されると思われますが、あまりに続くようならコメントペーパーなどで積極的に要望を出しましょう。

・しゃべくりタイプ

　授業はライブだ、という信念をもっているタイプの教員です。基本的にプリントや板書よりも自分のしゃべりを重視し、板書の程度はさまざまですが、難解な用語や概念図だけしか書かない、あるいは何も書かないタイプもいます。学生にとっては不親切に映るかもしれませんが、このタイプの教員は、自分の教える内容に自信をもっている例が多いといえます。教員の側に立って想像してみると、このような授業は、何も用意しないで、長時間、学生の関心を引きつけていられる自信がなければできないからです[3]。そして、このようなタイプの教員のしゃべることは、実際、ためになることが多いのです。いわゆる勉強のための勉強ではなく、なんらかの新しい概念にたった視点や、常識を裏返してみるような視点を提示し、知識欲に応えるような内容です。

　このときこそノートをとらなければもったいないのです。話を聞き、概要を自分なりのやり方でまとめ、納得したところや違和感をもったところもメモしておく。そうしておけば、あとで見返したときにも、講義というライブの場面が脳裏によみがえることでしょう。

・パワーポイントタイプ

　最近ではパワーポイントを利用した授業進行が標準的になってきています。キーワード群は箇条書きでわかりやすく、話の流れも整理されていて理解されやすく、講義がしやすいので教員が多く採用しています。ただし、スクリーンやモニターの映像をずっと眺めているかたちになるので、学生としては眠く感じることも多いのが難点です。また、教員がついついあれもこれもと詰めこみ

3　もしかすると、教科書を指定していて予習復習の時間にそれを読んでおくことを前提としているかもしれません。

すぎて、スライド 1 枚あたりの情報量が過剰になっている例もあり、その場合は書き写すことは不可能に近いといえます。情報量が適度でゆっくり丁寧に進行している場合は、「板書（ホワイトボード）タイプ」の注意点と同様の姿勢で書き写し、ときどきメモをとるスタイルでよいのですが、情報量過剰なパワーポイントの講義の場合は、スライドと同内容のプリントを配ってもらうか、あとでウェブサイトにアップロードしてもらうよう先生に頼んでみましょう。

Step2 >>> ノートのとり方のコツ >>>

　ここではノートをとる基本的なコツを伝授します。もとより、これが正しいノートだ、という正解はありません[4]。みんな自分流のやり方でノートをまとめています[5]。ただ、共通する部分もあるので、そこを伝授しましょう。

・キーワードを把握する

　講義のなかでのキーワード（重要語句）は、矢印や図形、色を使って板書されることが多いですし、説明に時間も割かれます。ノートに写す際もスペースを大きくとり、目立つように書くよう工夫しましょう。

・余白をたっぷりと

　口頭で重要な説明がなされたら、自分ならではのまとめ方でよいのですが、キーワードの周辺にメモ書きのように埋めていきましょう。その意味でも、キーワード群の周りのスペースは大きくとっておくのがコツです。

・「行」でとらえるのではなく、「面」でとらえる

　字の綺麗さは重要ではなく、綺麗に並んでいることも重要ではありません。小さく数行分でノートを見るのではなく、1 枚の紙の平面空間を全体としてとらえることが大切なのです。二次元的に把握して、絵を描くような能力を鍛えること。ラインの入っていない無地のルーズリーフを使うのもよいかもしれません。

・見出しをつける

　講義全体を把握して、話されている内容を時系列にして章と節のような関係でとらえて、見出しをつけます。行頭を揃えておけば、あとで見返しやすいでしょう。

・記号を使用する

　ここはあとで辞書をひこう、ここは試験に出そうだ、これは自分なりに答え

4　以下の図書が参考になります。太田あや，2008，『東大合格生のノートはかならず美しい』文藝春秋社.

5　またノートの媒体もさまざまです。必ずしも大学ノートやルーズリーフを講義ごとに買いそろえようと提案しているわけではなく、大学によっては電子ノートや PC を推奨しているところもあり、ノートやメモのためのアプリも充実しています。自分にフィットする媒体を早めに見つけましょう。

を出したい、これは紹介された本だ……、講義を受けているとそのような場面もあると思いますが、授業中にはなかなかフォローできません。ですので、自分のルールをつくり、その際に用いる記号（「☆」「※」「！」など）を決め、活用しましょう。

・教員の個性を見極める

　教員はずっと同じペースでしゃべるわけではありません。時折早口で、時折ゆったりと、説明をします。重要ポイントをしゃべっているのはどちらのパートか、それは教員の個性によって異なります。教員の個性を早いうちに見分けるのも、よいノートを書く秘訣です。

　最後に、「ノートは自己表現」（教員の講義内容を理解し、それを構成し直し、自分の表現に置き換えること）の気持ちで臨めば、つねに新鮮な気持ちで講義を受けることができるでしょう。

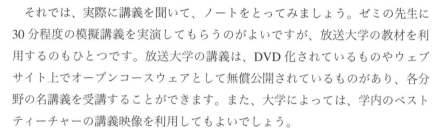

Step3 》》》　授業風景とノートテイキングの練習　》》》

　それでは、実際に講義を聞いて、ノートをとってみましょう。ゼミの先生に30分程度の模擬講義を実演してもらうのがよいですが、放送大学の教材を利用するのもひとつです。放送大学の講義は、DVD化されているものやウェブサイト上でオープンコースウェアとして無償公開されているものがあり、各分野の名講義を受講することができます。また、大学によっては、学内のベストティーチャーの講義映像を利用してもよいでしょう。

丸善出版　放送大学 DVD・ビデオ教材（放送大学教育振興会）
　　　　　https://www.maruzen-publishing.co.jp/search/s10024.html
　　　　　放送大学　オープンコースウェア
　　　　　https://www.ouj.ac.jp/reasons-to-choose-us/ocw/

　本日は練習ですので、少し工夫も取り入れます。
　まず<u>課題シート 2A を用意して、自分の名前は記入せずに、ノートをとります</u>。模擬講義が終わったら、すべてを集めて、シャッフルして誰のものかわからないようにして全員に配ります。次に、自分に配られたノートを見て、これはよいノートだと思ったら、下の四角のところに「正」の字になる線を一本記入します。記入を終えたら左隣の人にノートを手渡し、自分は右隣の人からノートを受けとります。そうやって、つぎつぎと投票していき、最終的に先生の

【QR2-1】
放送大学 DVD・オープンコースウェア

【課題シート 2A】

【課題シート 2A】

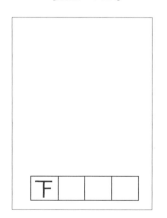

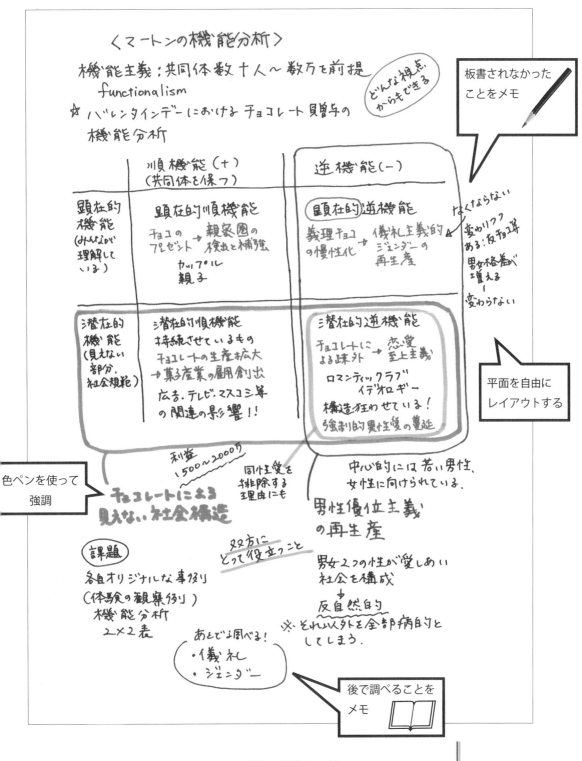

図2-1　優秀ノート例

もとに回収します。もっとも多く得票されていたノートが、ゼミの認めた優秀ノートです。そのノートを閲覧し、自分のものと見比べてみましょう。

なお、本日のゼミがオンラインの場合、課題シート 2A を使用するのは無理があるので、先生に優秀ノートの例を見せてもらい、自分のものと見比べてみましょう。

Step4 >>> 復習とノート

さて、大学の単位コマは、講義を受けている時間だけではなく、予習・復習時間も込みでひとつの単位となっています[6]。授業を受けて疑問に思った箇所や、わからなかった箇所について、あとで自分なりに調べてノートに記入しておきましょう。その際にノートの校正を行うのもいいですね。

また、授業中に、読んでおくべき本や見ておくべき映像などを指示される場合もあります。それらのデータはノートに記入済みだと思いますので、実際に購入したり借りたりして、資料について確認しておきましょう。その繰り返しが、復習となります。

6　大学では演習や講義を受けて単位を取得していきますが、そこでいう1コマとは、「授業を受けている教室内での時間」のみを指すのではなく、「教室外で自主的に行う予習と復習の時間」を含めることを前提にしています。「教室外で自主的に行う予習と復習」の時間や内容については、シラバスに記載されていますので、自分の受けている授業のシラバスをチェックしてください。

要約の仕方

3

■■ **本章のメニュー** ■■■
・要約とは何かを理解しよう
・要約の実践的なやり方を身につけよう

これから、大学で「問い学ぶ」を進めていくと、かならず多くの他人の研究に触れ、そこで表現されている他人の考えを理解する必要が出てきます。というのも、他人の考えは、自分の考えを育て表現するために使えるものだからです。

そこで本章では、文章のなかの他人の考えを理解するための、もっとも有効なトレーニングである要約について解説し、その実践方法を紹介しましょう。

Step1 >>> なんのために要約するのか： 要約するとは理解すること

ここで要約といっているのは、他人の書いた文章を、自分の言葉で短くまとめなおす作業のことです。また、このまとめなおした文章自体も要約と呼ばれます。

実は、この他人の文章を要約するという作業は、大学で「問い学ぶ」ためにもっとも基本的な技術なのです。それは、要約が、文章に書かれた他人の考えを理解するために、必要な作業だからです。

あなたの書いた文章を友人に読んでもらったとき、あなたは、どうしたら、自分の考えが理解された、と思えるでしょうか？ おそらく、その友人が「この文章では、こういうことが言いたかったんだよね」と言ってくれれば（もちろんそれがあたっていればの話ですが）、あなたは理解してもらったと思えるはずです。

「こういうことが言いたかったんだよね」の「こういうこと」こそが、要約です。そして、長い文章を「こういうこと」にまとめ上げる作業が、要約するという作業なのです。だから、実は、文章に書かれた他人の考えを理解するというのは、その文章を適切に要約することとほとんど同じことなのです。

【課題シート 3B】

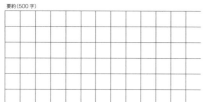

要約(500 字)

【課題シート 3A】

Step2 ⟫⟩ 何を要約すべきか：要約の対象 ⟫⟩

さて、ということは、要約の対象となる文章には、書き手の考えが書かれている必要があることになります。たとえば「格差」について書かれていたとしても、格差の存在についてただ怒っているだけの感想文（エッセイやブログなど）や、格差社会での節約生活術を書いたハウツー本、あるいは格差社会をテーマにした文学作品などは、格差についての「考え」が明確に書かれているとはいいがたいので、要約の対象にはしにくいでしょう[1]。

ここでは、要約の練習のために、付録として、要約しやすい課題文を指定しています。この練習を出発点として、ひきつづき、あなたの考えを育てるために必要なさまざまな文章の要約を実践してもらえればと思います。

それでは、巻末の <u>課題シート 3A</u> の課題文を読んでみましょう。課題文は、橋本健二の「『日本は平等な国』という幻想」という文章です。作者は社会学者で、短い文章ですが筆者の社会学的な「考え」が織りこまれています。読みすすめるにあたって、赤ペンなどを用いて、重要と思った箇所に線を引きましょう[2]。

Step3 ⟫⟩ 要約する 1：読みこなし方

課題文を読み終えたら、さっそく、それを、<u>課題シート 3B</u> を用いて <u>500字程度に要約してみて下さい</u>。どうでしょうか。難しかったでしょうか？ 最初はうまくいかなくてもかまいません。これから詳しくコツを解説していきますから。それでは自分で作成した要約を振り返りながら、以下の要約の段取りの説明を読んでいってください。

最初に、要約する文章の読み方のコツを解説しましょう。基本は、文章の展開をはっきりさせながら読む、ということです。

巻末の <u>課題シート 3C</u> に、課題文を読むときの下線の引き方の実例をあげておきました。自分の引き方と比べてみてください。

1 文章のテーマを把握する

まずは、その文章が、何について書いてあるのか把握するのが先決です。この「何について」の「何」が、その文章のテーマにあたります。

・大まかなテーマを見つける

では、課題の文章のテーマはなんだったでしょうか？ ざっとこの文章を読みながら、できればペンで、よく出てくる言葉や詳しく説明されている言葉な

ど、いわゆるキーワードに印をつけていくとわかりやすくなるはずです。多くの場合、テーマの手がかりは、こうしたキーワードに隠されているのです。

きっと多くの人が「格差」という言葉に注目したことでしょう。いきなり、文章の冒頭がこの言葉で始まっていますし、文章のなかには31も格差という語が使われています。また、文中では、格差についての説明が多くなされているし、使用されている表も格差に関するものだったはずです。ですから、課題の文章が格差をテーマにしているのは、まず間違いのないところでしょう。

【課題シート3B】

・テーマをしぼる

しかし、これだと少し大まかすぎるかもしれません。格差という言葉は、「教育格差」や「情報格差」など、いろんなことに関して使われます。ではこの文章が扱っている格差は、なんの格差でしょう？

答えが、最後の段落にはっきり書かれているのが見つかったでしょうか。この文章が扱うのは「経済」についての格差、つまり「経済格差」なのです。

さらにもう少ししぼってみましょう。この文章が論じているのは、いつどこの経済格差でしょうか？　文中に「現代日本」という言葉が登場するのが見つかりましたか。ここに書かれているとおり、この文章が扱っているのは、「現代」の「日本」の経済格差なのです。

・テーマのしぼりすぎは禁物

こうして、この文章が扱うテーマは、「現代日本の経済格差」だということがわかるでしょう。このように、文章のテーマを読みとるときには、ある程度しぼったかたちで表現できるように心がけましょう。もちろん、しぼりすぎ、は禁物です。たとえば、現代日本の経済格差の変化について論じているからこの文章のテーマは、さらにしぼって「現代日本の経済格差の変化」だ、といってしまうと、これは間違いになります。というのも、この文章には、「現代日本の経済格差の変化」以外の「現代日本の経済格差の大きさ」や「現代日本の経済格差が引き起こす問題」なども含まれているからです。テーマは、なるべくしぼった方がよいのですが、その文章全体を網羅するものでなければなりません。

 ## 文章の問いを把握する

これで課題の文章のテーマはわかりましたが、実はもっと大事なのが、問いを把握することです。

同じ「現代日本の経済格差」というテーマでも、「なぜ現代日本の経済格差は広がったのか？」という問いと、「現代日本の経済格差でいちばん苦しんでいるのは誰か？」という問いとでは、そのあとの文章の展開が異なることが予

3 もちろんこのほか
にも、「いつ〜?」「ど
こで〜?」「どうやっ
て〜?」などなど、い
ろいろなパターンの問
いがあります。また、
問いが、こうした疑問
文のかたちで明確に示
されていないことも多
くあります。

　実際に文章のなか
に、「なぜ経済格差は
広がったのか?」と書
かれていればわかりや
すいですが、その代わ
りに、たとえば「経済
格差の広がり方を検討
する」と書かれている
こともあります。です
から、かたちにこだわ
らずに、文章の内容か
ら、問いを読みとる必
要があるわけです。

測できます。この「なぜ〜?」とか「〜は誰か?」というのが、問いにあたります[3]。このように問いが把握できれば、その文章が向かう方向や目的が、ある程度わかるわけです。

　では、課題の文章の問いはなんだったでしょうか?　この文章の問い（この文章の目的）がはっきり書かれている箇所（文、段落、節など）は見つかったでしょうか?　課題文を段落ごとに分けた<u>課題シート3D</u>を見ながら考えていきましょう。

　注目すべきは、段落③です。ここでは、「重要なのは」という言葉に続いて、3つの問いがまとめて書かれています。「格差の大きさはどの程度なのか」「格差は拡大しているか縮小しているか」「格差は何か問題を引き起こしているのかいないのか」。これらが、この文章の問いです。

 ### 問いに対する答えを把握する

　さて、当然問いがあれば、答えがあるはずです。この「答え」こそ、その文章でもっとも言いたいはずのこと、すなわち作者の主張です。

　では、課題文の文章の答えは、どこに書かれているでしょう?　先ほどみたように、問いはまとめて段落③にありました。それでは、答えはまとめてどこにあるでしょうか?　ここでのポイントは、「まとめて」というところです。文章の締めくくり、結論として、これらの3つの問いにまとめて答えが出してある部分があるはずなのです。

　最後の段落⑭に着目できた人は上出来です。ここに「経済格差は大きく、すでに多くの問題を引き起こしている」と書かれています。そして「日本は平等な国ではない」とも書かれています。これが橋本の主張だといえるでしょう。橋本は、この文章で、「格差の大きさはどの程度なのか」「格差は拡大しているか縮小しているか」という問いに対して、格差は大きく、それは変わっていないままであると答え、「格差は何か問題を引き起こしているのかいないのか」という問いに対して、すでに多くの問題を引き起こしている、と答えているのです。そして、それに基づき、日本は平等な社会ではない、と主張しているわけです。

 ### 問いと答えがどのように結びつけられているか、把握する

　すでに問いと答えがどこに書かれているのかはわかりました。ただ、この問いと答えのほかにも、まだたくさんの文章が残っています。これらの文章もすべて、全体のなかで、なんらかの役割を果たしています。残りの文章を内容的に分類し、それぞれの箇所の役割を把握するのが、次の作業です。

表3-1　課題シート3Aの課題文の構造

内容的な まとまり	a. 導入	b. 問い	第1の問いと第2の問いの検討の ための準備			f. 第1の 問いの検討	g. 第2の 問いの検討	h. 第3の 問いの検討	i. 答え
			c. 検討の 方針	d. 前もって の注意	e. ジニ係数 の説明				
段落番号	①②	③	④	⑤⑥⑦	⑧⑨	⑩	⑪⑫	⑬	⑭

　この作業の結果をまとめたのが表3-1です。本項では、このまとめ方を少し
詳しく解説しておきます。

・導　　入

　まず、問いの手前の部分を見てみましょう。ここはわかりやすいはずです。
段落①と段落②を合わせて、この部分は、問いを導くためのフリの役目をして
います。文章の導入部、いわゆるイントロです。

・第1の問いと第2の問いの検討のための準備

　次に、問いと答えのあいだ（段落④～⑬）を見ていきます。

　まず、順番どおり段落④を見てみましょう。このとき、この課題文が設定し
た「格差の大きさはどの程度なのか」「格差は拡大しているか縮小しているか」
「格差は何か問題を引き起こしているのかいないのか」という3つの問いを思
いだしてください。この3つの問いに対して、この段落④では、「現代日本で
は経済的な格差がどの程度の大きさになっているのか。また、格差は拡大傾
向にあるのかないのか。基本的な事実を確認することにしよう」と書かれてい
ます。つまり、3つの問いのうち、第1の問いと第2の問いの2つについて、
「基本的な事実」を確認していこうと書かれているわけです。

　では次の段落⑤を見てみましょう。段落④に書いてあったとおりなら、第1
の問いと第2の問いについての話が始まるはずですが、実はそうなっていま
せん。「あらかじめ注意しておきたい」という文からもわかるとおり、ここで
は、第1の問いと第2の問いについての基本的な事実を確認するときに、前
もって注意しておかなければならない点が指摘されているのです。

　この前もっての注意は、日本は平等な国だという「常識」には根拠がないか
ら捨てろということで、段落⑤⑥⑦の3つの段落にまたがって書かれているの
がわかるでしょう。

　次に段落⑧を見てみましょう。ここから段落⑨までは、「ジニ係数」という
統計指標についての説明が続いています。なぜ、このような統計指標の説明が
必要なのでしょうか。もちろんそれは、第1の問いと第2の問いについて答

えるために、掲載されている図表を読み解く必要があるからです。

こうして、段落⑤⑥⑦と段落⑧⑨とで、第1の問いと第2の問いについて論じるための準備を整えているということがわかったはずです。

・第1の問いと第2の問いの検討

では、現代日本の「格差の大きさはどの程度なのか」という第1の問いについては、どこで論じられているでしょう？　段落⑩が、第1の問いについての検討だというのはわかりやすいでしょう。ここでは課題文のなかの図表1を参照しながら、この問いについて論じられているわけです。

同様に、現代日本の「経済格差は拡大しているか縮小しているか」、つまり経済格差の変化についての第2の問いについてはどうでしょうか。これについても、課題文のなかの図表2が参照されながら、段落⑪と⑫で論じられているのがわかると思います。

・第3の問いの検討

さて、もうひとつ残っているのが第3の「格差は何か問題を引き起こしているのかいないのか」という問いです。これはどこで検討されているのでしょう。もちろん、残った段落⑬です。ここでは資料は示されていませんが、経済格差がもたらす問題がいくつか紹介されています。

・全体の構成

ということで、まとめてみると、この文章は3つの問いに対して、グラフを参照したり、事例を紹介したりしながら検討し、答えに結びつけている文章だということになります。

Step4 >>> 要約する2：書き方

さて、ここまでで問いと答えを把握し、これらを結びつける部分がどんな内容のかたまりでできているのかの分類がすみました。これで要約の準備が整ったわけです。ここからは、実際に要約の文章を作成していく手順を確認していきましょう。

 まとまりごとの文章をつくる

もういちど表3-1を見てください。先ほど、この課題文を内容のまとまりごとに、aからiまで9つのまとまりに分類しておきました。課題文の要約をつくるために必要な最初の作業は、このそれぞれのまとまりを、数行（1〜3行程度）

にまとめなおすことです。

　たとえば、まとまりd（段落⑤⑥⑦）を見てみましょう。ここは、先ほど確認したように、第1の問いと第2の問いを検討するための準備として、あらかじめの注意が示されている箇所でした。だとすれば、ここではどのような注意が示されているのでしょう。ここでの「注意」とは、1行だけの段落⑥に表現されているように、「常識」を捨てろ、ということでした。では、それはどんな常識でしょうか。それは段落⑤にあるように「日本は格差の小さい平等な国だ」あるいは「日本人の9割は中流だ」という常識のことです。ではなぜこれらの常識を捨てなくてはならないのでしょうか。段落⑦にあるように、これらの「常識」には「根拠」がないからです。こうした流れを文章にまとめればよいのです。たとえば、次のような文章になるでしょう。

　　「日本は格差の小さい平等な国だ」あるいは「日本人の9割は中流だ」
　　という常識は、根拠がないので捨ててしまう必要がある。

　このように、それぞれのまとまりについて、同じ作業を行っていきます。そうすると、表3-2のようなメモができるはずです。

　そして、ここに書かれているまとめの文章を、aからiまで順番につなぎあわせれば、基本的には課題文の要約がとりあえずはできたことになるのです。

表3-2　内容のまとまりごとのまとめの文章

内容のまとまり	まとめの文章
a	格差のない社会は存在しないし、格差の存在は当たり前だが、それでは社会について何も語ったことにならない。
b	重要なのは、経済格差の大きさがどのくらいか、これまでどのように変化してきたか、どんな問題を引き起こしているのか、を考えることである。
c	現代社会の経済格差の大きさとその変化を確認しよう。
d	「日本は格差の小さい平等な国だ」あるいは「日本人の9割は中流だ」という常識は、根拠がないので捨ててしまう必要がある。
e	ジニ係数とは、格差が最大のときには1、最小のときは0をとる、格差の大きさを直感的に分かりやすい数字で表した、時代間比較や国際間比較に都合のよい指標である。
f	ジニ係数を用いた主要先進10ヵ国の経済格差の比較をみてみると、日本は、アメリカやイタリアに次いで格差の大きい部類に入っており、格差が小さいとはとてもいえず、どちらかといえば格差が大きい方の国だといえる。
g	ジニ係数の変化をみると、すでに1980年代中頃にはかなり高いレベルにあった日本の経済格差は、2000年頃にかけてさらに拡大した。その後90年代のレベルに戻ったが、格差が大きい方の国であることには違いがない。
h	近年、経済格差が、働いてもまともな生活ができない貧困層の増加をもたらし、また教育の不平等や結婚や家族形成の機会の不平等につながっているという指摘もされるようになってきた。
i	現代日本の経済格差は大きく、それは縮小してはいない。また経済格差はすでに多くの問題を引き起こしている。だから、日本は平等な国とはいえない。

まとまり同士を結びつける

　さて、表 3-2 のまとめの文章を、a から i まで続けて読んでみてください。ブツ切り、だと感じないでしょうか？　もちろんこれは当然で、それぞれ独立したばらばらの文章が並んでいるだけだからです。このため、この文章をよりよい要約にしていくためには、まとまり同士を結びつける表現を組み込んでいく必要があるわけです。

　たとえば、b と c の部分に注目してみましょう。b では、3 つの問いが提示されています。c では、そのうち 2 つについて論じると述べられているわけでした。この関係は、たとえば、次の点線部のような語を補って 2 つの文章を結びつけるとわかりやすくなるはずです。

　　　重要なのは、経済格差の大きさがどのくらいか、これまでどのように変化してきたか、どんな問題を引き起こしているのか、を考えることである。
　　　はじめに、現代社会の経済格差の大きさとその変化を確認しよう。

　また、3 つめの問いについては、h の部分で論じられているのでした。しかし、h の部分を、ただ g のあとにそのまま並べても、h の部分が 3 つめの問いの検討であるとは、わかりにくいですね。だとしたら、たとえば、点線部のように言葉を補ってみるとよいでしょう。

　　　さらに、経済格差が引き起こしている問題についていえば、近年、経済格差が、働いてもまともな生活ができない貧困層の増加をもたらし、また教育の不平等や結婚や家族形成の機会の不平等につながっているという指摘もされるようになってきた。

　このように、それぞれのまとまり同士の関係をふまえて言葉を補って文章を整理してみると、たとえば下記のようになるでしょう。ここまでやって、課題文の要約が、ひとまずは完成したことになります。

課題文の要約（バージョン１）

　格差のない社会は存在しないし、格差の存在は当たり前だが、それでは社会について何も語ったことにならない。むしろ、重要なのは、経済格差の大きさがどのくらいか、これまでどのように変化してきたか、どんな問題を引き起こしているのか、を考えることである。

　はじめに、現代社会の経済格差の大きさとその変化を確認しよう。

　その前に注意が必要なのは、「日本は格差の小さい平等な国だ」あるいは「日本人の９割は中流だ」という常識は、根拠がないので捨ててしまう必要がある、ということだ。

　格差の大きさとその変化を検討するためには、ジニ係数という、格差が最大のときには１、最小のときは０をとる、時代間比較や国際間比較に都合のよい、格差の大きさを直感的にわかりやすい数字で表した指標を用いることができる。

　まず、ジニ係数を用いた主要先進10ヵ国の経済格差の比較をみてみると、日本は、アメリカやイタリアに次いで格差の大きい部類に入っており、格差が小さいとはとてもいえず、どちらかといえば格差が大きい方の国だといえる。

　次に、ジニ係数の変化をみると、すでに1980年代中頃にはかなり高いレベルにあった日本の経済格差は、2000年頃にかけてさらに拡大した。その後90年代のレベルに戻ったが、格差が大きい方の国であることには違いがない。

　さらに、経済格差が引き起こしている問題についていえば、近年、経済格差が、働いてもまともな生活ができない貧困層の増加をもたらし、また教育の不平等や結婚や家族形成の機会の不平等につながっているという指摘もされるようになってきた。

　このように、現代日本の経済格差は大きく、それは縮小してはいない。また経済格差はすでに多くの問題を引き起こしている。だから、日本は平等な国とはいえないのだ。

字数を整える

　ただ、この要約は、数えてみると725字もあります。要約そのものが長くなってもよければ、これでかまわないかもしれません。しかし、なるべく簡潔に要約しておきたい場合[4]や、要約に字数制限がある場合[5]には、要約そのものをもっと短くする必要があります。このときにも、やはり注意すべきことがあります。要約バージョン１の725字の要約を、さらに、500字程度の要約にするつもりで、この点について確認していきましょう。

　より簡潔な要約にするためには、それぞれのまとまりの文章の冗長な部分、つまり、文章のなかのそれほど重要でない部分を、刈りこんでいく必要があります。

　では、課題文のなかで、刈りこんではいけない、より重要なところとはどこ

4　たとえば、2000字程度でレポートを書くように指示されていて、そのなかで、この課題文のテキストを紹介する場合を考えてください。このとき、725文字分使ってしまうと、全体の3分の1を上回る量を1つのテキストの紹介がしめることになってしまい、レポートとしては、あまりのぞましいとはいえません。

5　たとえば「500字で要約せよ」という「試験」の場合です。

でしょう？　第1に重要なのは、問いのbの部分と答えのiの部分です。これは課題文の生命線で、これをきちんと紹介しなければ、課題文を要約したことにはなりません。

　次に重要なのは、問いに対する答えを支える資料やデータを紹介している部分のfやgやhの部分です。ここでの裏づけがあってはじめてiの答えが説得力をもつのですから、これらの部分も可能なかぎり丁寧に紹介しておく必要があるでしょう。

　逆にいえば、これらを除いた部分（a, c, d, e）は、刈りこんで最小限の紹介にとどめたり、場合によっては省略したりしても、課題文の大勢に影響はない、ということになります。たとえば、eのジニ係数の紹介の部分。課題文は、統計についての解説文ではないので、詳しいジニ係数の説明は、本題からは外れたものです。ですからこうした部分は、大幅に刈りこんでしまってよいということになるわけです。

　要約対象の文章の、どこが幹、つまり詳しく紹介しなければならない重要なところなのか。どこが枝、つまり刈りこんでもかまわないところなのか。こうしたことを判断して、必要に応じて、より簡潔な要約文をまとめてみましょう。課題文を500字程度にまとめるとしたら、たとえば、要約バージョン2のようになるでしょう。

> ### 課題文の要約（バージョン2）（500字程度）
> 　たしかに経済格差がない社会はない。しかし、重要なのは、その格差の大きさがどのくらいか、これまでどのように変化してきたか、どんな問題を引き起こしているのか、ということだ。
> 　日本は経済格差の小さい平等な国だという「常識」は捨てなければならない。格差の大きさを直感的に理解しやすい数字で表現するジニ係数という指標を用いて主要先進10ヵ国の経済格差を比較してみると、日本は、アメリカやイタリアに次いで格差の大きい部類に入っており、格差が小さいとはとてもいえず、どちらかといえば格差が大きい方の国だといえるのだ。
> 　また、ジニ係数の変化をみると、1980年代中頃にはすでに高いレベルにあった日本の経済格差は、2000年頃にかけてさらに拡大し、その後90年代のレベルに戻ったが、格差が大きい方の国であることには違いがない。
> 　さらに、近年、こうした経済格差が、働いてもまともな生活ができない貧困層の増加をもたらし、また教育の不平等や結婚や家族形成の機会の不平等につながっているという指摘もされている。
> 　このように、現代日本の経済格差は大きく、縮小してはいない。また経済格差は、すでに多くの問題を引き起こしている。日本は平等な国とはいえない。（500字）

4 文章の構造を把握するということ

　ここまで、課題文を使いながら、要約をつくる作業の実際を解説してきました。それは、対象となる文章を内容のまとまりに分けて、まとまり同士の関係を把握して、これを短い文章で表現するという作業でした。つまり、要約するには、まず、対象の文章を、内容のまとまりに分け、それらを関連づけることが必要でした。これは、文章の構造を把握することだと、言いかえることができます。

　こうした要約の作業を練習するのは、もちろん、Step1 で書いたとおり、これこそが文章に書かれた他人の考えを理解することであるからにほかなりません。書かれた文章から、その骨格である構造を見つけ出すことこそが、その文章に書かれた人の考えを理解することなのです。

　でも、この要約という作業が大事な理由は、それだけではありません。実は、要約の練習で文章の構造を意識することができるようになると、自分の考えにもとづいた文章（レポートしか論文と呼ばれます）が書きやすくなるのです。というのも、要約が、すでに書かれた文章の構造を見つける作業であるのとはちょうど逆に、レポートや論文の執筆は、まず自分の考えを整理して構造（アウトラインと呼ばれます）をつくり、それを骨格として文章で肉づけをしていく作業だからです。この自分で考えたことを書く文章の作り方は、第6章から詳しく解説します。ここでは、要約の練習が、レポートや論文を書く練習にもつながっているということを覚えておいてください。

　この章で使った課題文は、問いと答えが明確で、シンプルな構造をもった、要約しやすい文章でした。これから、あなたが出会うのは、このような都合のいい文章ばかりではありません。ここまで解説してきた手続きが、すんなりとはあてはまらないこともあるでしょう[6]。

　とはいえ、どのような文章に直面したとしても、ここまで解説してきた手続は、その文章を要約するための、つまりそこに書かれた考えを理解するための、手がかりになるはずです。そうした応用問題には、経験をつみながら、だんだんと慣れていってください。

6　また、本章では、もとの文章の流れにそったもっとも基本的な要約の仕方を紹介しましたが、要約した文章の使い道や目的によっては、それらに応じた要約の仕方が必要になることもあります。

　たとえば、課題シート 3A の課題文の著者の日本の経済格差の大きさと変化についての見解を批判的に検討することが目的である場合には、f と g の部分をよりクローズアップした要約文をつくる必要があるわけです。

図書館を利用しよう

4

■ ■ 本章のメニュー ■ ■ ■

・図書館のことを知ろう

・図書館ガイダンスを受けてみよう

　大学に入ったみなさんも、そろそろ独特の授業形態に慣れて、空いた時間を利用してキャンパス内を探索してみたりしていることでしょう。キャンパスにはさまざまな目的をもった建物や敷地がありますが、どこの大学にもある重要な施設がありますね。そう、図書館です。

　読みたい本があるとき、ゼミや演習の課題を与えられたとき、あとはちょっと休憩したいときにも図書館は最適の空間です。大学にとっても書物は財産です。自分の大学の図書館を、存分に利用しましょう。

Step1 ▶▶▶ 図書館の利用にあたって ▶▶▶

　これからみなさんは、大学生活のなかでいくつものレポートを仕上げていくわけですが、その際には書物や資料を活用することになります。図書館のどこにどのような書物・資料があって、目的の情報にどうたどり着くか。その方法がわかれば、レポート作成の効率はグンと上昇します。

　大学の図書館には、大学にある学部の専門領域を中心に、古今東西のさまざまな書物が所蔵されています。専門性に触れる意味でも、学問史の深みに浸ってみる意味でも、まずは自分の興味のある分野や対象の書架を訪れて、書物をめくってみるのはよい経験です。

　ただし、大学図書館には、一般図書館にある小説やライトエッセイのたぐいはほとんど置いてありません。それらを目的にして訪れると、肩すかしをくらうかもしれません。そこで難しそうな本ばかり目について、自分には用がないな、と思ってしまったとしたら……それはもったいないことですね。今まで自分が知らなかった、知的関心をわきあがらせる本があるはずなのに。まずは探してみることです。図書館の検索システムを利用すれば、効率よく書物を探すことができます（Step2 以降を参照）。本好きの人も、そうでない人も、いろいろなやり方で利用できるのが図書館です。

38

・資料を使いこなす

　図書館には書物だけが置いてあるわけではありません。1 冊で何万円もする「資料」や「データブック」などもありますし、「新聞や雑誌のバックナンバー」もあります。大学 1 年生のときにはまだ必要ないかもしれませんが、大学の先生が執筆した「学会誌」「紀要」と呼ばれる専門誌もあります。また、最近では視聴覚資料コーナーを併設する大学も増えてきました。ネット配信されていない「全集」や「ドキュメンタリー」や「語学支援ビデオ」などを揃えていることが多いので、目的に応じて参照しましょう。

・コピーの制限

　目当ての図書や資料にたどり着いたとき、当該のページをコピーして持って帰ってもかまいません[1]。たいていの大学図書館にはコピー機が備えつけられています。

　ただし、その際にはいくつかの決まり事があります。まず、目的が、「調査研究の用に供する」ことです。鑑賞目的のコピーは許されません。また、コピーできるのは著作物の一部です。1 冊につきどんなに多くても半分までと法律的に解釈されています。これらは、著作者の権利を守るために決められていることですので、コピー利用の際には注意しましょう。また、その他の取り決めが各大学によってそれぞれあると思いますので、コピーをする際には注意書きをよく読んでから行ってください。

・貸し出しと返却

　本を借りる際には、カウンターで手続きを行います。借りた本には返却期限がありますので、くれぐれも遅れないように、返しましょう。大学によっては、未返却者にペナルティを科すところもあります。

・本はきれいに扱いましょう

　借りた本は丁寧に扱いましょう。端を折る、線を引く、メモ書きをする、ページを切るなどはもってのほかの行為です。重要なページがある場合、しおりなどを挟んでおきましょう。

 Step2 ≫≫ 本の種類と整理 ≫≫

　図書館資料の背表紙に貼ってあるラベルを「請求記号」といいます。請求記号には、日本十進分類法（略称 NDC）で示された分類記号や、図書館に受け入れた順番を示す受入番号があります（さらに、著者記号やシリーズ番号をつける場合もあります）。この請求記号で整理することで、内容が似ている資料を隣りあわ

1　もちろん、複製不可、コピー不可とされている資料についてはコピーしてはいけません。

せで並べることができます。請求記号は、いわば本の住所のようなものです。

　図書館のコンピュータで書物・資料を調べて請求記号がわかったら、その記号をメモしましょう。

・分類記号について

　日本十進分類法（NDC）とは、日本図書館協会が用いている分類体系です。図書館学者の森清が 1929 年に第 1 版を発行し、現在は 2014 年に改訂された新訂 10 版が使われています[2]。

　そのルールは、1 〜 9 までの数字を用いて知識体系を 9 分割し、どこにも属さない総合的で包括的なカテゴリーに 0 を用いて、それらをさらに 0 〜 9 に分けていき、分類を細分化するというものです。たとえば図 4-1 の 389.08 という数字は、第 1 次区分の「3　社会科学」の、第 2 次区分「8　風俗習慣 . 民俗学 . 民族学」の、第 3 次区分「9　民族学 . 文化人類学」を示しています。また、第 3 次区分の後ろの小数点は、さらに細かい識別のために便宜的につけている番号です。ちなみに、第 1 次区分を「類」、第 2 次区分を「綱」、第 3 次区分を「目」と呼びます。

　第 1 次区分のカテゴリーは、以下のとおりです。

2　図書館によっては、まだ新訂 9 版や新訂 8 版を使っているところもあります。

分類記号（NDC 準拠）

受入番号

図 4-1　図書のラベルの例

3　現状、国立国会図書館の「日本十進分類法」にもっとも詳しい情報が掲載されています。
国立国会図書館「日本十進類法（NDC）新訂10 版」分類基準
https://www.ndl.go.jp/jp/data/NDC10code201708.pdf

【QR4-1】国立国会図書館「日本十進分類法」

　　　　0　総記（情報学、図書館、図書、百科事典、一般論文集、逐次刊行物、団体、ジャーナリズム、叢書）

1　哲学（哲学、心理学、倫理学、宗教）

2　歴史（歴史、伝記、地理）

3　社会科学（政治、法律、経済、統計、社会、教育、風俗習慣、国防）

4　自然科学（数学、理学、医学）

5　技術（工学、工業、家政学）

6　産業（農林水産業、商業、運輸、通信）

7　芸術（美術、音楽、演劇、スポーツ、諸芸、娯楽）

8　言語

9　文学

　スペースの都合上、第 2 次区分と第 3 次区分は掲載を省略します[3]が、自分が興味のある分野の番号については記憶しておくとよいでしょう。

図書館の書物・資料の検索は「OPAC（Online Public Access Catalog）」を用います。OPAC とは、図書館において公共利用に供されるオンライン蔵書目録のことです。大学図書館内のコンピュータで検索する以外に、大学によっては、ウェブサイトで自宅からでも検索できるようになっています。

検索画面は大学によって異なりますが、以下は武蔵大学の例です。標準検索と詳細検索の 2 つの方法でアクセスできるようになっています。

・標準検索の場合

目的の資料別に、「図書」「雑誌」「視聴覚」を検索できます（図 4-2）。

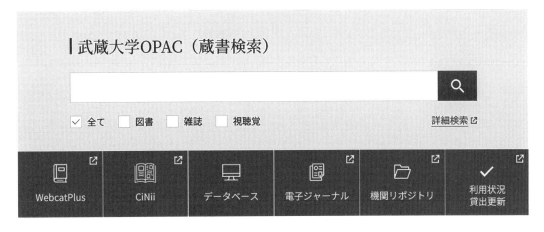

図 4-2　OPAC 標準検索画面

キーワードを入力して検索します。複数のキーワードで検索する場合、あいだにスペース（空白）を入れると、AND 検索（入力したキーワードのすべてを含む対象を検索する方法）ができます。

なお ISBN 記号[4] がわかっている場合、その数字を入力すれば目的の書物にたどり着きます。

4　世界共通で書籍を特定するための番号。10 桁もしくは 13 桁の数字で示されます。

・詳細検索の場合

より細かい基準で調べたい場合や、特定の書名や著者名がわかっている場合に使用します（図4-3）。

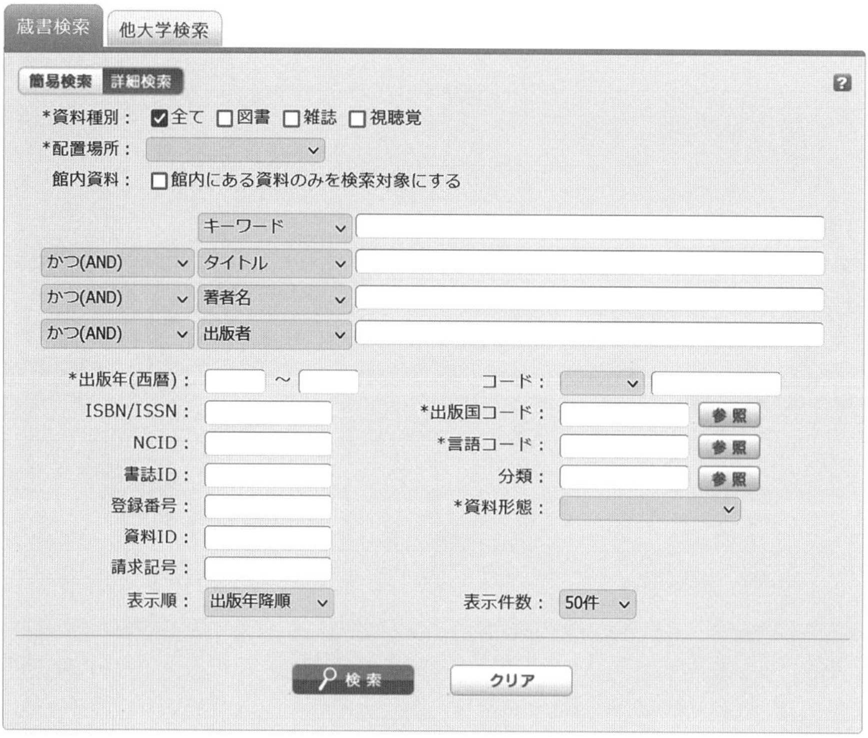

図4-3　OPAC 詳細検索画面

・検索結果の表示

ためしに「文化」と「ミュージアム」でAND検索をしてみたところ、何件かの検索結果が出ました。関連がありそうだな、と思った書名をクリックし、表示させた画面が図4-4です。

図書館の2階に配置されていて、請求記号が389.08//13であることがわかりました。残念ながら貸し出し中ですね。予約が可能な図書館なら、図書館員に伝えて予約の手続きをすることができます。また、目当ての本がなかった場合でも、請求記号を頼りに、書架を訪れてみましょう。図書館には同じテーマの本が分類されて並んでいるので、書架に行けばあなたの関心に近い本が見つかるかもしれません。

▲ 検索結果一覧へ戻る

図書

文化の「発見」：驚異の部屋からヴァーチャル・ミュージアムまで
吉田憲司著. -- 岩波書店, 1999. -- (現代人類学の射程). <BB01182193>

便利機能： ■ブックマーク　⊠メール

▶詳細情報を見る

所蔵一覧　1件〜1件（全1件）

ナンバーをクリックすると所蔵詳細をみることができます。

10件 ∨

No.	巻号	所蔵館	配置場所	請求記号	資料ID	禁帯出区分	状態	返却予定日	予約
0001		図書館	2階一般図書	389.08//13	0112838321	可	貸出中	2023/12/21	0件 予約

▲ このページのTOPへ

書誌詳細

タイトル／著者名等　文化の「発見」：驚異の部屋からヴァーチャル・ミュージアムまで / 吉田憲司著
フンカ ノ ハッケン：キョウイ ノ ヘヤ カラ ヴァーチャル ミュージアム マデ
　出版事項　東京：岩波書店 , 1999.5
　形態事項　vii, 267p ; 19cm

図 4-4　OPAC 詳細検索結果画面

　以上のように、まずは興味関心のある分野の言葉で検索してみましょう。目的の図書・資料にたどり着くためには、何度も試行錯誤してみることが大事です。サッカーについて書かれた本が知りたい場合、「サッカー」とだけ入力して検索しても膨大な数の資料がヒットしてしまい、現実的ではありません。「ワールドカップ　社会学」「サッカー　戦略　心理」「フーリガン　社会史」など、キーワードを工夫して試してみてください。

Step4 ≫≫ 検索の仕方 2：オンラインデータベースの使い方 ≫≫

　検索する対象は、図書館に所蔵されている書物や資料だけにとどまりません。たとえば新聞記事や雑誌記事、辞書項目などを検索することもできます。
　これも大学によって異なるのですが、たいていは大学図書館のウェブサイトから、「データベース集」「リンク集」などと書かれたリンクをクリックして、アクセスすることができます。全国の大学図書館、インターネット書店、近隣地域の図書館、統計年鑑などのオンラインデータ、雑誌記事索引などのサイトがリンクされていることでしょう。

新聞記事については、以下の新聞社が代表的なウェブサイト検索のサービスを行っています（表4-1）。これらは記事本文を閲覧できるので大変有意義なのですが、注意すべきは、ほぼ学内からのみアクセス可能となっていることです。また、大学によっては契約をしていないサービスもあります。

表 4-1　代表的な新聞社のウェブサイトサービス

日経テレコン 21	日経 4 紙記事検索。企業情報や役職者情報の閲覧やマーケット概況なども利用可能
朝日新聞クロスサーチ	朝日新聞（朝夕刊：全国版）のほか、地方版や『AERA』『週刊朝日』『知恵蔵』なども利用可能
ヨミダス歴史館（読売新聞）	読売新聞（朝夕刊：全国版）のほか、地方版や "The Japan News"（英字新聞）なども検索可能
毎索（毎日新聞）	毎日新聞（朝夕刊：全国版）のほか、地方版や『週刊エコノミスト』"The Mainichi" なども利用可能
The Wall Street Journal	"The Wall Street Journal" 本文（外国語）のほか、抄録も収載
The Times Digital Archive	1785 年の創刊から 1985 年まで、200 年間の『ロンドン・タイムズ』全紙面の検索・閲覧

　図書館には、そのほかにもさまざまなサービスがあり、わからないことはレファレンスカウンターで訊けば丁寧に教えてくれます。また、最近では学生を対象に、「図書館ガイダンス」や「図書館ツアー」を実施している大学も多いので、個人もしくはゼミ単位で申し込み、図書館をめぐってみましょう。

　最後に、この章の課題を出します。<u>図書館を訪れて、OPAC 検索を行い、あなたの興味を引く書物を 1 冊借りてください</u>。次章では、その借りた本をもとに、レビューとレコメンドを行います。借りた本を熟読するとともに、第 5 章に目を通し、次回のゼミの準備をしておいてください。
　ゼミの進行の度合いによっては、先生の指示に従って第 5 章の 🔳 （p.48）**課題シート 5A** を用いて本の要点を整理しておきましょう。

本のレビューと
レコメンド

■■ **本章のメニュー** ■■■

・本の批評・評論をしてみよう

・本をほかの人に推薦してみよう

・本の批評・評論・推薦をもとに、ほかの人と議論してみよう

　大学に入ると、いままでは読まなかったようなさまざまなタイプの本を読むようになります。そして、それらの本について「論評」を書く機会も増えてきます。とはいえ、この「論評」、これまで小学校から高校までのあいだに何度も書いて（書かされて？）きた、「読書感想文」とはちょっと違います。ここでは、本を読んだ評価をほかの人に情報として伝える批評・評論（レビュー）と推薦文（レコメンド）の側面から考えてみましょう。

Step1 >>> レビューとレコメンド >>>

 レビューとレコメンド

　レビューとは、本の内容について、要約や所感、批評などを交えて書くことです。そして、自分が読んで「理解した」「役にたった」という本を、レビューのかたちでほかの人に推薦することをレコメンドと呼びます。レビューを書くことは、自分が読んだ本の情報を整理するのに大変役だちます。また、他者にそのような情報を伝えることは、自分の考えを他者に表現し理解してもらう非常によい訓練になります。そして、ほかの人が推薦する本の情報やそれに対する批評を教えてもらうことで、自分がこれまで知らなかった本に出会えたり、自分が知っている本に対してもさまざまな意見があることを知ることができます。このように、レビューとレコメンドを通じて本についての情報を共有することは、多様な立ち位置から物事を眺めるという大学での学びにとって、とても大事な営みのひとつです。

どのような本を読んだのか

　この1ヵ月、みなさんはどれくらいの量の本を読んできたでしょうか。「全然本なんて読まなかった」という人、「本が大好きで、1ヵ月に10冊は読んだ」という人、さまざまだと思います。ですが、みなさんは自分の読んだ本について、どれくらいきちんと覚えているでしょうか。

　作者は？　タイトルは？　おおよその内容は？　これくらいならば、覚えているかもしれません。いつ頃出た本？　出版社は？　こうなってくると、だいぶあやしくなってくるのではないでしょうか。

　本のレビューを書くときには、このような本に関する情報も一緒に伝えることが重要になってきます。そのために、「文献リスト」を作成することをお勧めします。文献リストには本のタイトルだけではなく、作者、出版社、発行年月日などを一緒に書いておくと便利です。また、余力があれば、その内容の簡単なまとめなどをメモ書きで添えておくとよいでしょう[1]。本を読んだらリストをつくる、これを習慣づけると、目に見えるかたちで自分の研究の成果がわかります。また、研究をさらに進めていくときにも、これまで読んだ本の情報がきちんと記録されていれば、すぐにそれを使うことができるので、研究を効率よく進めることができます。

 本のレビューを書くには

　実際に、本のレビューを書くときには、どのようなことに気をつけなくてはならないでしょうか。

　まず、レビューは自分の備忘録ではなく、ほかの人に伝えることを目的に書くものです。したがって、ほかの人にとって、「これは興味深い」「これは役立ちそうだ」と思わせる内容を含んでいることが大切です。それには、「自分だけの言葉」でない表現を使う必要があります。ここでいう「自分だけの言葉」というのは、自分だけにしかわからない、という意味です。たとえば、あなたが読んだ本について人に話すとき、ただ「おもしろかった」「驚いた」と言っても、ほかの人たちは、何がおもしろかったのか、何に驚いたのか、ちっともわからないでしょう。また、人によって「おもしろさ」や「驚き」は違うはずです。これでは、どれだけその本が興味深く、内容が充実していたかがきちんと伝わりません。つまり、ほかの人にその本の内容を的確に伝えるには、ほかの人と情報を共有するための工夫をした表現が必要となります。それが「自分だけの言葉」でない表現なのです。これを使うことにより、本の内容に対するあなたの考えや気持ちがほかの人にきちんと伝わるのです。

　それでは、どのような工夫や表現が必要なのでしょうか。次のStep2で具体

的にみていくことにしましょう。

 Step2 **本の紹介テクニック**

 内容をしっかり把握しよう

　ここでは、ほかの人に本を紹介する際に、どのような情報が必要かについて具体的に学習します。最初に、本の内容をどのように伝えるかについて考えてみましょう。

　本を選ぶ際に、あなたはどのようなことを参考にするでしょうか。ほかの人が「おもしろい」と思ったということでしょうか。もちろん、それは小説や暇つぶしに読むエッセイを選ぶのには重要でしょう。ですが、大学で学ぶ本を選ぶときには、それだけでは不十分です。「この本で、作者が伝えたいことは○○である」「この本を読めば、○○がわかる」といった、本を読んで具体的に得られる情報が何なのかがわからなければ、この本を読むべきかどうか決められないでしょう。

　そこで、本のレビューを書く際には、まず内容を要約することから始めます。文章の要約の仕方は、「第3章　要約の仕方」で詳しく学習しました。ここでも、その方法が役にたちます。本をまるごと1冊要約する場合には、その本の全体像（いわゆる「あらすじ」）がわかるかたちにするか、それとも、ある一部分について詳しく要約する方法か、いずれかをとることになります。レビューでは、どちらの方法を用いてもかまいません。

 あなたの評価を加えよう

　とはいえ、単に本の内容を要約しただけでは、レビューとはいえません。それにあなたの評価が加わって、レビューとなるのです。ここでの評価は、まず「この本があなたの興味・関心にマッチしていたか」（あなたの「知りたい」と思っていたことに、応える内容であったか）から述べていきましょう。そして、その本の推薦できるところ（ほかの人に伝えたい点、あなたが賛同した点など）、場合によっては、その本に対する批判（内容に対する希望、本での意見と自分の意見との相違など）を述べてみましょう。そして「この本を読んで、その先に何を知りたいと思ったか」（さらなる学習の意欲をかきたてるものであったか）書いていきましょう。

　また、レビューを書くにあたって、本の内容からの具体例や、あなたの実体験での具体例などを交えると、よりほかの人に興味をもってもらえるでしょう。

3 本に関する情報をしっかりと入れよう

本を紹介するときには、本の内容だけではなく、先の「文献リスト」の作成の勧めにもあったように、本についての情報も知らせる必要があります。「第 4 章　図書館を利用しよう」や「第 12 章　レポート作成 5：引用・参照の仕方」を参考に、本の情報を知らせてあげましょう。

　それでは、<u>ここまでの内容を参考にしながら、課題シート 5A を用いて、実際に前回借りた本の要点を書きだしてみましょう。</u>

Step3 >>> 　**本のレビューを使った議論 1：**
プレゼンテーション編 　**>>>**

　ここでは、本のレビューをほかの人に伝えることで、プレゼンテーションの練習をします。プレゼンテーションとは、自分の考えや意見、調べてきたことなどを、他者の前で発表することです。大学の授業（とくにゼミなどの少人数で行う授業）では、このようなプレゼンテーションと Step4 で説明する質疑応答が頻繁に行われます。本格的なプレゼンテーションと質疑応答は「第 15 章　自説発表と議論」で詳しく学びますが、ここではその「心構え」について学習しておきましょう。

1 発表は「独り言」ではない

　高校までの授業では、ほかの人の前で自分の意見をまとめて話す、という機会はあまりなかったと思います。したがって、「恥ずかしくて、人前で話すなんて無理」という人も多いでしょう。また、「まずは原稿を用意して、それを一気に読めば、それで大丈夫だろう」と思う人もいるかもしれません。

　しかし、プレゼンテーションの場合、「ほかの人との対話」という視点を取り入れた方がうまくいきます。つまり、「聞き手」がいてはじめてプレゼンテーションが成りたつのです。自分が「聞き手」になった場合、小さい声で聞きとれない発表や、紙に書いてあることをそのまま棒読みしただけの発表に魅力を感じるでしょうか。それを考えれば、おのずとどのような発表をしたらよいか、わかってくるでしょう。つまり、大きな声で顔を上げて、ゆっくりと相手に語りかけるように話す、これが第 1 の基本です。

また、人は一般に「自分の知っていることは、相手も知っているはずだ」と錯覚しがちです。自分が伝える内容が、どれくらいほかの人に共有されているものなのか、事前にしっかりと考えておく必要があるでしょう。もし、あまり共有されていないと思われる場合には、その点について、簡単な説明も加えて発表してみましょう。それだけで、聞き手の理解は格段に違ってきます。

 ## 具体例を交えて話す

　もちろん、プレゼンテーションの際に、しっかりと事前に準備をしてくることは大切です。事前の準備をしないと、発表のときにその場で考えて話すことになるので、話がまとまらず、結局自分の言いたいことが伝わらなくなってしまいます。ここでは、本のレビューを使ってプレゼンテーションをするので、Step1、2で学んだことを参考に、しっかりと本のレビューを書いておきましょう。

　しかし、上にもあるように、紙に書いてきたレビューを見ながら、ただ棒読みしたのでは、よいプレゼンテーションとはいえません。書いたレビューを手もとに置きつつ、自分なりの話し言葉を使い、聞き手にわかりやすいような具体例も交えながら感想を伝えていきましょう。

　とくに、このような発表原稿のようなものを作成すると、「(1)（かっこいち）」などと、段落分けの数字や記号まで読みあげる人がいたりします。また、本から抜きだした漢字をそのまま書いて、その読み仮名がわからず、発表が止まってしまう、ということもあったりします。これは、日常会話を考えれば、非常に不自然です。レビューを書く際には、そのような段落分けや記号を用いるのはかまいませんが、発表の際には、あくまでも「話し言葉」を使うことを心がけましょう。また、読み仮名がわからないなどというのは言語道断です。

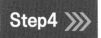 ## 本のレビューを使った議論2： 質疑応答編

　発表が終わったら、その発表の内容について、質疑応答をしてみましょう。質疑応答では、今度は発表の「聞き手」の人たちも大きな役割を果たすことになります。この質疑応答がきちんと成立しないと、ゼミは発表者だけがひたすら発表して終わる、退屈な場となってしまいます。発表が終わったら、聞き手はしっかり質問し、発表者はそれにきちんと応答しましょう。ゼミを実りあるものにするためには、このようなプロセスが繰り返される環境を整えることが重要です。

聞き手は「発表者」の立場になる

　ゼミなどの小規模での授業の場合には、「発表者によるプレゼンテーション」→「聞き手からの質問」→「発表者からの応答」という一連の流れで授業が成立していくことが多くなります。したがって、聞き手の人たちも、単に発表を聞き流していればよいのではなく、その発表に対してより知りたいことや、疑問に思ったこと、また発表内容に対する自分の意見などを、発表を聞きながら考えておく必要があります。聞き手の質問によって、発表者は、自分のプレゼンテーションのどこがよくて、どこが悪かったのか、知ることができます。何も質問がないと、発表者は、その後のやる気を失うだけでなく、よりよい発表へと改善する機会を失うことになってしまいます。したがって、聞き手は発表者と同等に、重要な役割を担っているということを自覚しましょう。

　また、聞き手の人たちも、いつかはかならず自分も発表者の役割を担うことになります。次に自分が発表者になったときに、聞き手からの反応がなかったらどのような気持ちになるか考えてみましょう。質問をしたら発表者を困らせるのではないか、という考えは間違っています。質問をきちんとするということは、上記のように発表者にも成長の機会を与えますし、まわりまわって自分自身にも質問がくることになり、結果的に自分の成長へとつながるのだ、ということを理解しておきましょう。

 ## かならず1回は質問する、質問は納得いくまで続ける

　もし質問が出ないと、プレゼンテーションは単なる一方通行に終わってしまいます。これでは、受講者数の多い講義形式の授業の場合と同じになってしまいます。ゼミなど少人数での授業の良さは、お互いが意見を交換しあうことができる「双方向性」です。したがって、プレゼンテーションがあったら、恥ずかしさや発表者に対する遠慮は捨てて、かならず1回は質問しよう、という気持ちで臨みましょう。

　また、発表者から納得のできる回答が得られなかった場合には、できるかぎり、説明を求めるようにしましょう。このようなことをすると、発表者に対して意地悪をしているように感じてしまうかもしれません。対人関係にひびが入る、と敬遠する人もいるかもしれません。しかし、企業や社会全体のなかで自分の意見を発表した場合には、もっと厳しく追及されるのが普通です。大学のなかや狭い対人関係のなかでは、深く追及をしないことが「思いやり」であっても、このような経験を学生時代に積まなかったことで、将来、もっと困った事態に巻きこまれかねないのです。したがって、相手のためを思えばこそ、しっかりと質問をすることが重要です。

質問を想定する

　発表者は、質疑応答に際して、「こういう質問が来るかもしれない」ということを想定しておいてもよいかもしれません。本のレビューについてであれば、要約する際に省略した内容の部分の話を聞かれるかもしれない、とか、その本の著者についての別の情報を聞かれるかもしれない、といった具合です。また、その本に対して肯定的（否定的）な感想をもった場合には、どのくらいの人があなたと同様の意見をもっているのか、といったことも聞かれるかもしれません。したがって、質問に対する回答をスムーズに行うためにも、想定される質問を考えておく習慣をつけておくとよいでしょう。

　ここまでの話は、主に対面でゼミを行う場合を想定して書かれていますが、オンラインでゼミが行われる場合でも、基本は同じと考えてよいでしょう。ただし、オンラインゼミの場合には、対面のときほど、相手の顔が見えなかったりすることで、議論が活発にならないこともあるでしょう。その際には、Web会議を行うツールやアプリに装備されているチャット欄を活用して、お互いの意見を発言しやすい環境になるように工夫しましょう。

　それでは、残りの時間を利用して、発表と質疑応答を実際に行ってみましょう。

レポート作成1：
問題設定

■■ **本章のメニュー** ■■■

・レポートとは何か理解しよう

・レポート作成の段取りを理解しよう

・レポート作成のための、テーマの決め方、問いのたて方、妥当性の確認の仕方、を身につけよう

本章から第13章までで、レポートの書き方を学んでいきます。授業の期末レポートから、卒業論文まで、大学生活はレポートや論文[1]という文章を書くことと切り離せません。その書き方の基礎を、ここでしっかり身につけて、大学生活をスムーズにおくりましょう。

1　レポートの発展したかたちのものを論文と呼ぶことがあります。レポートと論文との厳密な区別があるわけではありません。

　ただレポートは授業などで教員が出した課題に基づいて書く、比較的短い文章のことを指すケースが多いようです。これに対して論文はレポートに比べて分量が多く、授業の課題などにかならずしも縛られずに書かれたものを指すことが多いようです。

Step1 ≫≫　レポートとは　　　　≫≫

図 6-1　©しりあがり寿（『朝日新聞』2003.9.22 朝刊）

　はじめに、そもそもレポートとはどのような文章のことなのか、確認しておきましょう。小学校の作文の時間に先生に言われたことを覚えていますか？

　おそらく多くの人が「思ったことを自由にそのまま書きましょう」と言われたのではないでしょうか。これはいわゆる感想文の書き方です。

　まず、重要なことは、レポートは、感想文とはまったく異なったものだということです。感想文とレポートのもっとも重要な違いは、感想文は「思ったこと」を「そのまま書く」のに対して、レポートは「考えたこと」を「事実をふまえて」書く文章だということです。「図 6-1 のマンガを見て考えたことを論じなさい」という課題に対して書かれた次の2つの文章を見比べてみて下さい。

　私も、電車のなかで、このマンガに描かれているのと同じような経験をしたことがあります。座っている人のあいだにふたり分の席が空いていたのですが、ちょうど真んなかに座ってしまいました。マンガのとおり、くぼみのあるシートだったので、やっぱりお尻がこそばゆく不快でした。また、混んできたときに、ふたり分の席を占領していたので気まずい思いをしました。いまさら片側に寄るのもさらに気まずかったので、寝たふりをしてしまいました。もっと勇気を出して、マナーを守ればよかったと思いました。

　逆に、すいている電車で座っていたら、ある駅で、知らない人が乗ってきて、いきなり隣に座られたので、とても怖かったこともありました。スーツを着た普通のサラリーマンに見えましたが、気持ちが悪かったので、次の駅で降りました。電車のマナーは守ってほしいと思います。

　このマンガに描かれているように、電車のなかで、見ず知らずの人とのあいだに距離をとってしまう経験は、多くの人がしているだろう。では、なぜ、私たちは、なるべく人と距離をとって座ろうとするのだろうか。おそらく私たちは、あまり近くに人が座ると、自分の縄張りが侵されたように感じてしまうからなのではないだろうか。

　社会心理学者の渋谷昌三は、さまざまな調査や実験から、私たちが、パーソナル・スペースと呼ばれる、他人に侵入されると不快になる空間を携帯していることを明らかにしている。たとえば、男性用トイレの場所ごとの利用頻度の調査では、いちばん奥まった他人に邪魔されにくい場所が好まれていることが明らかになり、私たちがパーソナル・スペースを携帯し、それを守ろうと努力していることがよくわかる（渋谷 1990: 11-34）。

　このように、私たちは、各人がパーソナル・スペースを携帯しているため、他人のパーソナル・スペースになるべく侵入しないように心がけ、また自分のパーソナル・スペースに侵入されると不快感を覚えるのだ。

【参考文献】
　渋谷昌三，1990，『人と人との快適距離——パーソナル・スペースと何か』日本放送出版協会.

　少し誇張して書いてありますが、（a）が感想文、（b）がレポート的な文章です。もちろん、本物のレポートは、もっと長い文章なので、（b）は、その要約になります。

　さて、（a）の感想文と（b）のレポート的な文章との違いはどこにあるでしょうか。（a）の感想文では、自分が経験したことと感じたことが、思い出されるままに書かれています。では、（b）のレポート的な文章の特徴はなんでしょう。大きく2つの特徴があります。

　第1の特徴は、レポートには、問いと答えが含まれているということです。文章（b）の2行目に、「なぜ、私たちは、なるべく人と距離をとって座ろうとするのだろうか」と、はっきり問いが示されていますね。この問いに対して、この文章の最後の第3段落の部分では、それは「各人がパーソナル・スペー

スを携帯しているため」だと答えています。

　先ほど、レポートとは考えたことを書く文章だ、と述べましたが、まさに考えるというのは、このように問いをたて、それに答えようとする作業のことをいうのです。問いに答えるために書かれている文章、つまり考える作業が行われている文章であることが、レポートの条件なのです。

　第2の特徴は、レポートでは、客観的な事実が証拠にもとづいて示されているということです。文章(a)の感想文では、自分ひとりが経験したこととそれについての自分の印象が書かれているだけでした。その経験や印象が、多くの人にとってあてはまるものなのかどうかは、これではわかりません。

　文章(b)の第2段落の部分を見てください。ここでは、私たち各々が「他人に侵入されると不快になる空間を携帯している」という事実が述べられています。重要なのは、この事実は、社会心理学者の調査や実験を紹介することで、裏づけられているということです。この調査や実験の結果が、「他人に侵入されると不快になる空間を携帯している」という事実が広く存在している証拠なのです。このように、レポートでは、事実はかならず証拠によって裏づけられていなくてはならないのです。

Step2 >>> レポート作成の段取り >>>

　みなさんがこれから書くのは、問いに対して答えるために書かれた、事実が証拠によって裏づけられている、レポートです。このレポートを書くためには、必要な段取りがあります。図6-2を見てください。レポート作成の過程は、大きくⅠ〜Ⅳの4つの段階に分けることができます[2]。

　基本的に、レポートは図6-2の段階を　ⅠからⅣへと、上から下へたどっていけばできあがります。ただし、注意してほしいことがあります。というのは、図6-2では矢印は下方向にだけではなくて、上方向にもついているということです。実際にレポートを書く作業をすると、上から下へスムーズに進むことはありえません。段階Ⅱからもういちど段階Ⅰに戻ったり、段階Ⅲから段階Ⅱに戻ったり、場合によっては段階Ⅲから段階Ⅰに戻ることもありえます。またそれぞれの段階のなかでも、問いをたててみたらしっくりこなくてテーマを変える必要があることがわかったとか、アウトラインをつくっていたらそもそもたててあった答えの予想が成りたたないことがわかったとか、行ったり来たりの試行錯誤があたりまえなのです。もしレポートを書いている最中に、行ったり来たりできていないとしたら、それはあなたが試行錯誤を必要としないほどの大天才か、それともあまりまじめにレポート執筆に取り組んでいないかのどちらかです。

　それでは、各段階の説明に移りましょう。段階Ⅰについては第6章（本章）

2　実は、レポートの書き方には、細かくみていけば、学問領域や研究やスタイルに応じていろいろな種類があります。ここでは、問いに対して答えを先に出してみて、その答えの妥当性を検証するというプロセスを繰り返してレポートを仕上げていく、社会科学の領域で一般的なレポートの書き方を紹介します。

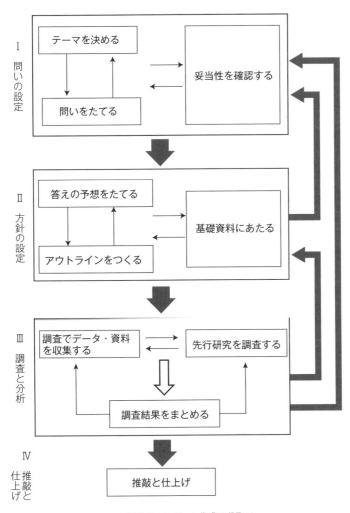

図 6-2　レポート作成の段取り

の残りの部分で、段階 II は第 7 章で、段階 III は第 8 章から第 11 章で、段階 IV は第 12 章と第 13 章で詳しく説明します。

 Step3 >>>　テーマを決め、確認をする　>>>

　テーマを決める

　上でみたように、レポートは問いに対して答えるものなので、とにかく問いをたてる必要があります。ただ、問いはすぐにはたちあがりません。まずは、何について問いをたてるか、それを決めなければなりません。つまり、テーマを決めなければなりません。これがレポートを書くときのはじめの一歩です[3]。

　授業の課題としてレポートが課せられている場合には、テーマがはじめから

3　テーマを決めるということについては、すでに第 1 章でも触れていますので、そちらも参考にしてください。

指定されていることが多いかもしれません。たとえば、「自己と他者の社会学」という授業の期末レポートの課題として、「アイデンティティについてレポートを書きなさい」という課題が出るパターンです。この場合には、たしかにすでにテーマは決まっているようにみえるのですが、さらに工夫が必要です。というのも、この課題のようなテーマは、あまりにも漠然としすぎているからです。

「アイデンティティ」といっても、誰のアイデンティティについて書くのか、どういうアイデンティティの状態について書くのか、いろいろな可能性があるでしょう。ですから、もう少しテーマをしぼる必要があります。つまり、具体的に誰のどんなアイデンティティについて書くのかを、自分で決めなければならないわけです。

これを決めるためには、まずは、みなさんそれぞれの普段の生活がとても重要になってきます。授業を聴きながら、友人としゃべりながら、アルバイトをしながら、新聞やテレビを見ながら、インターネットの世界で遊びながら、広くアンテナを張って、いろいろな情報に接し、そのなかでつねに「あれっ？」「なぜ？」「どうして？」というひっかかりを意識的に作りだしておく必要があるでしょう。

たとえば、「サークルの先輩のAさんが、最近、すごく暗い顔をしていて、自信喪失して落ちこんでいるみたい」ということに気づいていれば、これがアイデンティティの問題に関係しているかも、と思いつくかもしれません。さらに、先輩が「自信喪失していた」だけでなく、その先輩が「就活がつらい」と言っていたのを思い出して、「就職活動とアイデンティティの危機」というテーマを思いつけると、出発点としては上出来です。

このように、テーマは、よほど限定的な課題でさえなければ、みなさんの興味や経験をふまえて、ある程度自由に設定できることが多いでしょう。もちろん、大まかなテーマすらはじめから設定されていない場合——たとえば課題が「自由にテーマを選び論じなさい」というものの場合や、自分で研究テーマを決める各学年度末の報告書用論文、それらの集大成である卒業論文などの場合——には、こうした作業はさらに重要になってきます。

ただ、だからといって、思いつきで安直にテーマを設定するのは避けましょう。というのも、みなさんは、このテーマと、レポートを書き終わるまでつきあっていかなければならないからです。すぐ飽きたり、行き詰まったりしてしまうようなテーマでは、レポートを完成させることができません。テーマは、長くつきあえるものを、慎重に考えましょう。そのためにも、「そのテーマでよいかどうか」に、ある程度の自信（後押し）が欲しいところです。次の項の実践で、確認します。

学部や学科の卒論のテーマを確認する

　あなたが思いついたテーマは、学術的なものとして、また世間一般の問題関心からしたら、とても優れたものかもしれません。ですが、あなたの専攻する学問領域においては「ピント外れ」である可能性もあります。大学での学びは、高校までとは違って専門特化されていることが多く、同じ大学でも学部や学科、コースによって主たる関心は異なります。

　そこで、同じ学部や学科の諸先輩方が書いた卒業論文のタイトルを眺めてみる、ということをしましょう。自分の大学の学部や学科ではどのようなテーマを主に扱っているのか、その確認をするのです。

　大学の施設に、学部（や学科）の卒業論文（やそれに準ずる論集など）の保管室ないし資料室があれば、一度ゼミの全員で訪れてみるのもよいでしょう。管理人のいる場合はその指示に従うことが前提ですが、比較的自由に、おしゃべりをしながらでも構いませんので、書棚に卒業論文が並んでいる様子を見たり、実際に手に取って目次を確認したりするなどして、「自分の学部（や学科）では何がテーマとされているか」の確認をしてください。

　もしそのような保管室ないし資料室が大学の施設にない場合は、紙の発行物や web に掲載された卒業論文リストを確認しましょう。

　ただ注意したいのは、「この学部では多くの人が○○をテーマにしている」ことがわかったとして、自分も合わせて○○にする必要はない、ということです。自分が追究したいテーマは多数決で決める性質のものではないからです。

　「テーマを決めるように言われたけどまったく何も思いつかない」「テーマを複数思いついてしまったけどどちらに発展性があるのだろう」という人が参考にしてください。また、「自分が思いついたテーマを扱っている論文がほとんどないことに気づいた」人もいるかもしれません。その人は、自分のテーマの妥当性について反省的に思案してみてください。それでもやる価値はあるのか、このゼミのテーマとしてふさわしいのか、結論を出すのはあなた自身です。

Step4 ▷▷▷ 問いをたて、妥当性を確認する ▷▷▷

 問いをたてる

　さて、テーマが決まっただけでは、まだまだスタートラインに立ったにすぎません。そこから一歩踏みだしましょう。それが「問いをたてる」という作業です。

　Step3 につづいて例示をしますが、「就職活動とアイデンティティの危機」というテーマにもとづいてどんな問いがたてられるでしょうか。たとえば、

「就職活動でのアイデンティティの危機は、世界中で共通して起きているのだろうか?」なんていう問いもたてられますね。ただ、少し考えてみると、世界中にはいろんな就職の仕方があって、自分が典型的な就職活動だと思っていたものは、ひとつのケースにすぎないことがわかるでしょう。そうすると、「世界中のいろんな就職活動について、それぞれでアイデンティティの危機が起こっているかなんて、調べきれないぞ」と気がつくことになります。つまり「就職活動でのアイデンティティの危機は、現在、世界中で共通して起きているのだろうか?」というのは、大きすぎる問いだったことがわかるわけです[4]。

　そして、「そうか自分が考えたかったのは、世界中のあらゆる就職活動についてではなくて、日本の現代の就職活動なんだ」さらには「社会人の転職活動についてではなくて、大学生の就職活動なんだ」ということに気づくかもしれません。つまり、テーマを「現代日本の大学生の就職活動とアイデンティティの危機」に改訂できるわけです。そうなると今度は、この改訂したテーマにもとづいて、別の問いをたてる作業がはじまるわけです。

　「現代日本の大学生の就職活動とアイデンティティの危機」とテーマが定まると、一気に身近になり、たとえば「Aさんだけじゃなくて先輩のBさんも就活でアイデンティティの危機を経験しただろうか」なんていう問いもたてられるかもしれません。ただ、これは、逆に、小さすぎる問いといえそうです。というのも、Bさんに尋ねてみたら、経験したかしなかったか、それですぐに答えが出てしまうからです。これに興味があるのは、おそらくAさんやBさんの知りあいだけで、多くの人にとっては興味のあることではありません。

　でもこれも問いを練り直すきっかけになります。Bさんとあなたのことを思い出してみましょう。「いつもニコニコ接してくれるBさんが急に無愛想になった時期があったな、あ、あれはゴールデンウィークか、もしかしてシューカツ?」。ここであなたは、多かれ少なかれ人は就職活動時期にアイデンティティが不安定になるのかもしれない、と想定することができます。すると問いとしては、「なぜ現代日本の大学生の就職活動ではアイデンティティが脅かされやすいのか?」になり、ここから調べる必要のある資料を模索していくことができそうです。

　このように、問いは自分で調査し資料を集めて答えることのできる身の丈に合ったもので、同時に、ある程度の広がりがあって多くの人が関心を寄せてくれるものが望ましいのです。テーマ以上に、問いの設定は慎重に行いましょう。

 ## その問いが妥当な問いであるかを確認する

　いくつか「問い」を思いついた段階で、その問いが妥当な問いであるかどうかをチェックしましょう。あなたの考えた「テーマ」や「問い」に含まれた単

語や熟語を使って、第4章でしたように図書館の OPAC 検索や新聞・雑誌の
オンラインデータベース検索をしたり、インターネット検索をしたりします。
そうして出てきた検索結果の記事や文書、データから、事実確認をし、長文の
場合は読みふけってみてください。

　そこでもし、自分の考えたテーマの問いに「すでに答えが出ていた」ことを
知ったときには、前段に戻って問いをたて直す作業に取りかかりましょう。場
合によっては Step3 に戻り、テーマを決め直すところから再始動します。図
6-2 で示しているように、何かを決めるときに試行錯誤が生じるのはよくある
ことで、やり直しを恐れる必要はありません。

　ただ、「すでに答えが出ていた」と言っても、当該の文書をよく読むと、問
いに対する答えを導く根拠が薄弱であったり、数十年前の調査結果を根拠とし
ていたりすることもあります。また、近年では AI が作成した文章が検索上位
に示されることもあります。Step1 で示したように、レポートとは「問いと答
えが含まれて」いて、「客観的な事実が証拠にもとづいて示されて」いるもの
でした。この「証拠」が、あやふやなものや、古すぎるものや、個人の感想
や、あるいは機械が収集した文言の並びだったりするものは、いかにそれっぽ
く書かれていたとしても問いに対する答えの根拠として用いるには適さず、つ
まりは「すでに答えが出ていたわけではなかった」ことになります。

　こうした文章の真贋を嗅ぎ分ける能力（リテラシー）は、みなさんまだまだ鍛
えられていないかもしれませんが、大学4年間を通じて修練していきましょう。

　話が少しそれました。ここでの「その問いが妥当な問いであるか」のチェッ
ク作業は、荒唐無稽な論点でないかを確認し、すでに出し尽くされた論点でな
いかを確認することを意味しますが、同時に「似たような問いの設定をした
人はこのように証拠を示しているのか」といったヒントを得る作業でもありま

【課題シート 6A】

す。書籍や新聞記事、インターネット上の文章は膨大に
存在します。時間の許す限り、多くのテーマ関連文書に
あたって、ひとつでも多くのヒントを得ましょう。

　そうすることによって、「テーマ」と「問い」だけで
なく、「これから必要な作業」も見えてくるはずです。
より具体的には、問いを答えへと導くために、何々を
調べないといけない、何々の資料にあたらなければな
らない、何らかの調査を設計する必要がある、といっ
た「これからやること」リストです。

　<u>課題シート 6A</u> はフリーに思いついたことを書きこ
める仕様になっていますので、作例を参考にしっかり
書き込みましょう。次回は、このペーパーをもとに議
論することからはじめます。

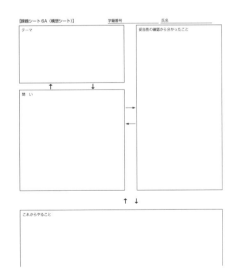

Column 1　善し悪しを問いにすることの難しさ　

　さて、問いをたてるときに注意しなければならないことがもうひとつあります。よく見受けられる問いに、ことの善し悪しを問うものがあります。たとえば「アイデンティティの危機を感じてまで就職活動をするのは善いことなのか？」というパターンです。これは、私たちがどのように振る舞うべきか、という望ましさを論じる問いです。

　もちろん、こうした望ましさを論じる問いをたててはいけない、というわけではありません。しかし、注意しなければならないのは、こうした問いに答えるのは思いのほか難しいということです。

　たしかに、あなたが望ましいと感じるかどうか、あなたの思いを述べるのは簡単です。しかし、レポートではそれだけでは不十分です。あなたの見解が、一般的に受け入れられるべきものだということを説得的に示さなくてはならないのです。

　「本人がつらい思いをするから善くないことだ」とあなたが思うのであれば、それは本人の快不快を基準にした判断です。他方で「それも本人の成長につながるかもしれないのだから善いことだ」という人もいるかもしれません。これは、成長の可能性を基準とした判断です。このとき、あなたは、成長の可能性よりも、本人の快不快の方が重要な基準だ、ということをレポートのなかで、きちんと主張しなくてはならなくなります。

　善悪を判断するときには、その判断基準が必要です。あなたは何を基準にして、善いことと悪いことを分けたのでしょう？　そして、ほかの判断基準ではなくて、その判断基準が採用されなければならない理由はなんだったのでしょう？　少なくとも、これらのことがはっきりと示されないと、善し悪しを問うたことにはならないのです。

　高校の小論文の練習で、「自分の意見を述べなさい」と繰り返し言われてきた人もおそらくは多いでしょう。そして文章の末尾に、自分の意見として「〜であるべきだ」とか「〜であることが望まれている」などと書いておくと、なんとなく格好がついて、文章がまとまった気になっていたかもしれません。しかし、これはあまりにお手軽すぎるやり口です。

　善し悪しについて問うてはいけないといっているのではありません。そうではなくて、善し悪しを問いにするのなら、それなりに覚悟が必要だ、ということです。あまりにお手軽に、善し悪しを問いにするのは、じつは危険だ、ということは覚えておいてください。

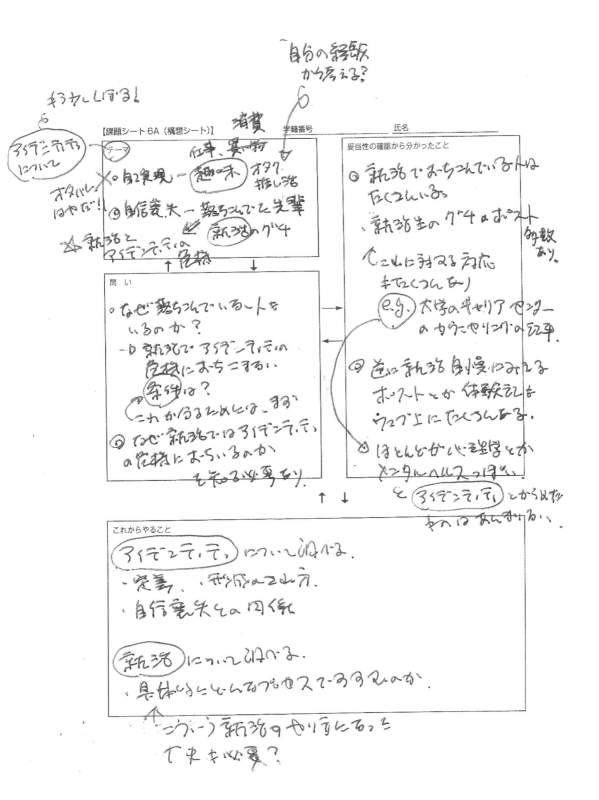

レポート作成２：
アウトラインの作成

■■■ **本章のメニュー** ■■■

・レポート作成のためのアウトラインのたて方を身につけよう

　第６章では、レポート作成の段階Ⅰ（問いの設定）に挑戦してみてくれたはずです。本章では、これをふまえて、レポート作成の段階Ⅱ（方針の決定）に進みましょう。まず準備作業としてディスカッションを行い、自らのテーマの「問い」に対する「答え」の予想をたてます。その上で、Step3 からは段階Ⅱのメインイベントであるアウトラインをつくる作業へと進みます。

Step1 ≫ ディスカッションを行う ≫≫

　第６章の週の最後にみなさんそれぞれが準備した**課題シート6A**を、プリントで配布もしくはモニターへの投影などの方法を通じて共有し、順番に発表をします。

　発表といっても気負う必要はなく、「テーマ」と「問い」に（学術的に）おかしなところがないか、先生やほかのゼミ生に意見や感想をもらい、「これからやること」の方向性が間違っていないか、アドバイスをもらいます。とにもかくにも人前で自分の「テーマ」と「問い」について言及したあなたは、以下のことに気がつくはずです。

・「テーマ」について「詳しく教えて欲しい」とツッコまれたときに自分は
　応答できるのか？
・「問い」に対する「答え」を考えておかなければならないのでは？

　自分の頭で考えていただけのときには、その「テーマ」と「問い」は、まだ自分のものとなっていません。人によっては、やりやすそうだから、結論が簡単に出せそうだから、なんとなく好きだから、といったような理由で、（言葉は厳しいですが）安直に選んだということも考えられます。「これからやること」も、効率を優先して選んでいませんでしたか？

しかし、人の目に触れると、あなたの意識は変わるでしょう。なぜなら、あなたの発表を聞いたほかの多くの人は、「（あなたは）このテーマについて詳しい／興味がある人なんだね」というまなざしをあなたに対して向けるからです。するとあなたのなかに、それらのまなざしに応えるため、「そのテーマについて、少なくとも周りの人よりもよく知っておかなければならない」という、ある種の責任を負う心情が生まれます。その責任を果たそうとすることで、ようやくその「テーマ」と「問い」は自分のものとなります。

　簡単なものとはいえ最初にディスカッションの時間を設けたことには、先ほどのような気づきを促す狙いもあるわけです。

Step2 >>> 基礎知識を得て、答えを予想する >>>

　本章の目的はアウトラインを作成することですが、性急に進めることをせずに、まず Step1 で出た 2 つの疑問の解決を先に行いましょう。

　他者にその「テーマ」について「詳しく教えて欲しい」と言われたときに応答できるかどうかは、あなたの知識量しだいです。一見簡単そうな、日常でよく使われる単語で構成された「テーマ」でも、そこには歴史があり人々の営みがありさまざまな思惑が交錯しています。また、学問的な用語の規定のもとに概念が運用されている可能性もあります。なので、テーマに関係する基本的な知識や情報が載っている資料にあたってみて、いまいちど自分の認識のあり方を再確認しておきましょう。具体的には、辞書や専門領域の辞典・事典、白書、資料集、経年変化や分布状況などが記載されたデータ表やグラフ、などを、網羅的にチェックすることが望ましいですが、テーマによって、あたらなければならない基礎資料は変わってきます。

　そのすべてのパターンを書き記すことはできないので、前章で例としてあつかった「現代日本の大学生の就職活動とアイデンティティの危機」をテーマとした場合の調べ方を、コラム 2 にて紹介します。なにかを調べる際の道筋（プロセス）も解説しているので、ぜひ 70 ページを参照してください。

　次に、「問い」に対する「答え」の提示です。まだ基礎知識を得たばかりなのに、答えなんか出せないよ、という人もいるかもしれません。しかし実は、前回「問い」をひねり出した時点で、また妥当性の確認をしていたなかで、ぼやっとしたものではあるかもしれませんが、ある程度の答えは予想していたはずです。

　まだ正しいとも正しくないともわからないが、基礎資料にあたってみたかぎりでは、この「問い」には、おそらくこのように答えられるのではないだろうか。そうした答えを予想してみるのです。このとき、答えの予想が、複数出てくることもあるでしょう。もちろん、それでかまいません。むしろ、さまざまな観点から、いくつも答えを予想してみた方が、あとあと、豊かなレポートを

1 たとえば、「なぜ
CD の売り上げが減っ
たのか」という問いを
たてた場合、「インター
ネットで楽曲の配信が
ふえたから」という答
えを予想するだけで満
足してしまうのはもっ
たいないことです。少
し考えるだけでも、ほ
かにも、「アニメやゲー
ムに客を取られたか
ら」「ライブが音楽の
主役になったから」「若
者に全般的な嫌消費の
傾向があるから」など
など、（当たっている
かどうかは別として）
さまざまな観点からの
予想が可能なはずで
す。

2 このように、予想
した答えが間違ってい
るということも、実は
大事な発見なのです。
そのおかげで、新しい
予想をたてることがで
きるし、正しい方向に
軌道修正ができるわけ
ですから。

3 第3章の Step4
の4で、文章の構造
と呼んだのが、まさに
このアウトラインのこ
とです。第3章で練
習した要約は、文章の
構造であるアウトライ
ンを見つける作業でし
た。ここで練習してい
るレポートの作成は、
アウトラインから文章
をつくりあげていく、
要約とは逆向きの作業
です。

書くことにつながるでしょう[1]。

答えを予想することが大事なのは、それによってレポートを書く作業に見通しがつくからです。つまり、やるべきことがわかりやすくなるのです。

予想をたてておけば、次にやる作業はこの予想した答えが正しいかどうか論証することになります。自分のたてた予想を論証するにはどうしたらよいかを考え、それを実行し、その結果から予想した答えが正しかったかどうか判断する。そして、予想が間違っていたら、あらためて予想をたてなおして、もういちど論証する[2]。答えを予想してみることで、このような流れを想定することができ、具体的な課題がはっきりして、レポートが書きやすくなるというわけです。もちろん、複数の答えを予想していた場合は、こうしたプロセスを、それぞれの答えごとに行っていきます。そうすることで、どの予想がもっとも適切であるのか、あるいは予想同士がどのように結びついているのか、さらにどの予想に自分はいちばん興味があるのか、といったことが見えてくるようになるはずです。

さて、答えを予想するときに注意すべきことがあります。それは、予想は、証拠によって裏づけられるようなものでなければならない、ということです。みなさんが予想をたてるときには、その予想の正しさをどうやったら裏づけできるのかをセットにして考えてください。その裏づけの方法を思いつくことができなければ、それはレポートにおける答えの予想としてはふさわしくありません。

そのようなことに注意しながら「答え」の予想をしてみたとき、もしかしたらあなたは「こんな答えのレポートを書きたかったわけじゃないな」「この答えの裏づけは取れそうにもないな」と思い至るかもしれません。そういうときには、問いやテーマを変えることも選択肢にあがってきます。繰り返しになりますが、このように、レポートを書くという作業は、これらの作業を、行ったり来たりしながら進めていくものなのです。この行ったり来たりを丁寧にやればやるほど、レポートの完成度は高まっていくはずです。その意味では、いったん決めたことを変える融通性も、レポート執筆には必要です。

Step3 >>> アウトラインの作成 1：序論と結論 >>>

Step2 の作業をとおして、ある程度、正しそうに思える答えが見えてきたら、今度は、レポート全体の設計図をつくります。レポートの設計図のことをアウトラインと呼びます[3]。

このアウトラインは基本的に、「序論→本論→結論」という 3 つのパートから構成されます。ですから、まずみなさんは、ノートのページを 3 つに区切ってそれぞれに「序論」「本論」「結論」というタイトルをつけるところから出発

しましょう（本論のところが長くなりますから、スペースは大きめに）。

　本章の付録として、はじめからこの 3 つの区切りの入った、**課題シート 7A** を用意しました。これを使いながら、以下順々にそれぞれのパートのつくり方を確認していきましょう。

 序　　論

　序論は、すでにみなさんが設定したテーマと、たてた問いと予想した答えを紹介するパートです。ですから、ここは簡単です。アウトライン記入用のシートの序論のパートには、テーマ、問い、答え、の 3 つを箇条書きにして書き込んでおきましょう。「現代日本の大学生の就職活動とアイデンティティの危機」の例でいけば以下のようになるでしょう。

> 【序論】
> ・テーマ：現代日本の大学生の就職活動とアイデンティティの危機。
> ・問い：なぜ現代日本の大学生の就職活動ではアイデンティティが脅かされやすいのか？
> ・答え：現代日本の大学生の就職活動では、自分の能力や経験を問い詰められる上に不合格になることも多いから。

　このように、序論で先に答えを紹介しているのは、このレポートの本論での作業が、この答えの妥当性を論証することだ、ということをはっきりさせるためです[4]。

 結　　論

　つづいて、先に結論の方をみておきましょう。結論は、その名のとおり、この論文のしめくくりのパートです。基本的には、序論で紹介した問いに対する答えが正しいことが、ちゃんと論証できました、ということを示す部分です。ですので、まずは、序論で紹介した答えを、もういちど書き込んでおきましょう。

> 【結論】
> ・現代日本の大学生の就職活動では、自分の能力や経験を問い詰められる上に**不合格になることも多いから、アイデンティティの危機に陥りやすい**。

4　第 6 章注 2 でも書いたように、レポートの書き方にはいろいろあって、序論で答えを紹介せず、結論で初めて答えを出すパターンのレポートもありえます。ですが、ここでは、典型例として、序論で答えを示してそれを論証するパターンのレポートのアウトラインのつくり方を紹介します。

さて、次は本論です。ここが、みなさんの腕の見せどころです。前回作成した課題シート6Aの「これからやること」のリストに、この本論に関わるポイントを記した人もいるでしょう。本論とは、序論で示した答えが正しいことを、さまざまな手法を用いて論証するパートです。ですから本論の中味を考える際は、読み手に自分が序論で示した答えを正しいと判断してもらうためには、どのような段取りが必要か、を考えなくてはなりません。

 論証に必要なポイントを選びだす

たとえば「現代日本の大学生の就職活動でアイデンティティの危機が生じやすいのは、自分の経験や能力を問い詰められる上に不合格になることも多いからだ」という予想が正しいと、読み手にわかってもらうために必要なことを考えてみましょう。そもそも現代日本の大学生の就職活動ではアイデンティティの危機が生じやすい、ということが事実であることをまず明らかにしなくてはなりません。さらに、現代日本の大学生の就職活動では能力や経験が問い詰められる、というのが事実であることの裏づけも必要です。また経験や能力について問い詰められたり不合格になったりすると、なぜアイデンティティの危機に陥ってしまうのか、その理由も示さなくてはならないでしょう。

まずは、このように論証に必要だと思われるポイントを、ピックアップしてメモしていきます。そうすると、たとえば、次のようなメモができるはずです。

> 【本論】メモ①
> ・現代日本の大学生の就職活動ではアイデンティティの危機が生じていることの裏づけ
> ・現代日本の大学生の就職活動では自分の経験や能力を問い詰められることの裏づけ
> ・自分の経験や能力について問い詰められたりそれを否定されたりすることが、アイデンティティの危機につながりやすい理由の説明

 ポイントを流れとして整理する

今度は、このメモを、レポートの流れとして整理していきます。どの項目を先にもってくると読み手にわかりやすい展開になるか、どの項目とどの項目をつなげると展開がスムーズか、などを考えながらメモを書き換えていきます。この作業をしていると、さらに論じる必要のあるポイントが見えてくるかもしれません。そうしたらそれもこのメモのなかに取り込んで整理します。

【本論】メモ①のメモを書き換えると、たとえば、以下のようになるかもしれません。

> 【本論】メモ②
> 1) 自分の経験や能力について問い詰められ否定されることが、アイデンティティが脅かされることにつながりやすい理由の説明
> 2) 現代日本の大学生の就職活動ではアイデンティティの危機が生じていることの裏づけ
> 3) 現代日本の大学生の就職活動では自分の経験や能力を問い詰められることの裏づけ

この場合、本論は3つのパートから構成されることになります。各パートを1章と考えると、本論は3章だてとなるわけです。序論と結論を1章ずつと考えれば、この時点では、全部で5章だてのレポートになりそうだという目処がたちました。

 ## ③ ポイントに肉づけする

こうしてできあがったアウトラインをふまえて、これをふくらませ肉づけをしながら、レポートの文章に仕立てていきます。この肉づけの仕方については、少し説明が煩雑になるので、コラム3にまとめておきました。そちらも参考にしてください。

以上の作業を通して、たとえば、下記のようなアウトライン（一部省略）ができあがると、だいぶ、レポートの先行きもみえてきます。

もちろん、ここまでに再三述べてきたように、このアウトラインをつくるという作業もまた、行ったり来たり、試行錯誤して行うものです。ここでは説明の都合上、アウトラインが、あたかもすんなりと決まっていくかのように書きましたが、実際にはこんなにスムーズには進みません。序論や結論の書き方にも、本論の構成にも、唯一の正解はありません。だから、必要だと思った情報を書き出し、それをグループに分け、並べ替え、さらに抜けているところを埋めていく、という作業を繰り返すことによって、よりわかりやすい、より説得力のある構成に近づけていく必要があるのです。

注意してほしいのは、この試行錯誤は頭のなかだけではできないということです。手を動かして、自分の考えを言葉として紙やモニターに定着させることで、はじめて試行錯誤が可能になるのです。なお、こうした試行錯誤の作業は、もちろんコンピュータ上で行ってかまいません。アイデアを整理するためのソフトもいくつも出ていますから、そうしたものを利用してもよいでしょう。

それでは添付の**課題シート 7A**（アウトラインシート）を使用して、自分のレポートのためのアウトラインの作成に取りかかりましょう。

【課題シート 7A】

なお、次章からは、レポート作成の段階III（調査と分析）がはじまります。本論パートで論証する「裏づけ」や「証拠」を得るために、より高度な先行研究を調べたりより詳細な調査データを収集したりといった作業を行うのです。次章「先行研究の調査」では、先行研究の調べ方やリストアップの仕方を学びますが、本章ではすでに基礎資料を調べることを通じていくつかの文献にあたっていますので、それらのうち今後もう一度参照するだろうと思われる資料に関しては、出所や書名や該当ページについてメモに残しておきましょう。

【課題シート 7A（アウトラインシート）】

学籍番号　　　　　　　氏名

序論	・テーマ ・問い ・答え　など	1. 序論 ・テーマ：現代日本の大学生の就職活動とアイデンティティの危機 ・問い：なぜ現代日本の大学生の就職活動ではアイデンティティが脅かされやすいのか？ ・答えの予想：現代日本の大学生の就職活動では、自分の能力や経験を問いつめられる上、不合格になることも多いから。
本論	・先行研究の検討 ・事実の裏づけ ・調査の計画とプロセス ・分析 ・論証に必要なポイント ・ポイントの肉づけ　など	2. アイデンティティの危機とは何か？ 　経験や能力を問いつめられる／否定される 　　　　　アイデンティティの危機　この理由を説明すること！ ・アイデンティティの定義→『社会学辞典』参照のこと ・アイデンティティの形成についての説明→ミード？　再確認！！ ・アイデンティティが脅かされるとは？　物語論？ これをもとに自分で考える！ 3. 就職活動で生じるアイデンティティの危機 　実際に就活中にアイデンティティが脅かされているケースを紹介する。　自分に自信をなくしているケース ・就活中の人にインタビュー？ ・就活体験記からエピソードを探してみる。 これだけでOKか？　サークルの先輩に何人かいて、就活中でナイーブかもしれないからやさしく実施。 4. 就職活動で問われていること 　就活では自分の経験や能力を問いつめられることを裏づける。　さらに不合格になる　とくに面接について ・就活マニュアル ・採用担当者の話（就職雑誌？）
結論	・本論のまとめ ・問いに対する答え ・課題と展望　など	5. まとめ ・現代日本の就職活動では、自分の能力や経験を問いつめられる上に不合格になることも多いから、アイデンティティの危機に陥りやすい。 ことが論証できた（はず）。

Column 2　基礎資料にあたる　● ● ● ●

(1) 基礎資料の調べ方

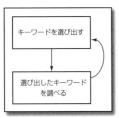

図7-1　基礎資料のあたり方

　　ここで基礎資料といっているのは、テーマに関係する基本的な知識や情報が載っている資料のことです（第8章で紹介している先行研究のうち、入門書や講座など比較的初心者向けのものや、第9章で紹介している二次資料のうち、統計データやインタビューを用いた文献など比較的取り扱いが簡単なものを含んでいます）。この基礎資料にあたるという作業は、基本的に、図7-1にあるような2つのステップの繰り返しで進めていきます。

・キーワードを選びだす

　最初は、「キーワードを選びだす」というステップです。出発点のテーマに関わりのありそうなキーワードを抽出する作業です。「現代日本の大学生の就職活動とアイデンティティの危機」というテーマなら、すぐ思いつくキーワードは、きっと次の2つでしょう。

□アイデンティティ
□就職活動

　しかし、このままだとおおざっぱすぎます。アイデンティティについては、もちろんその「定義」について調べなくてはなりませんが、それに加えて、どういうときに危機に陥るといわれているのか、逆にどうすれば安定したアイデンティティが形成できるのか、ということをも知っておきたいはずです。就職活動についても同じような作業をしてみると、たとえば、このようなキーワードのリストができてくるでしょう。

□アイデンティティ
　・アイデンティティの定義
　・アイデンティティの形成
　・アイデンティティの危機
□就職活動
　・経済的な背景
　・企業の雇用状況
　・就職活動のプロセス

・キーワードについて調べる

　こうしたリストができたら、次のステップは、それぞれの項目について、調べを進めることです。まずは図書館に行きます（第4章参照）。そして、初学者用のテキストや専門分野の事典・辞書などでもキーワードの定義を調べたり、さらに資料集や白書などに目を通したりしながら、キーワードについての情報を集め、必要事項のメモをとります。このとき、どの書籍のどの部分を参照したのか、必ずメモしておいてください（第12章参照）。また、どのような図書や資料を調べたら必要な情報にたどり着くのかわからない場合には、図書館のレファレンスカウンターで相談しましょう。

・行ったり来たりする

　重要なのは、この調べを進めているあいだに、さらに調べが必要なキーワードが出てくるということです。たとえば「アイデンティティの形成」について調べていると、「重要な他者」や「自己物語」といったキーワードが浮かんでくるはずです。また現在の就職活動のプロセスを調べていたら、どのような経緯で現在のかたちになったのか、過去との比較が必要だと思うようになるかもしれません。

そして、当然、過去の経済的背景や雇用状況についても知りたくなるでしょう。もちろん、新たなキーワードもリストに追加していきます。そうすると、たとえば、次のようなリストになるはずです。

□アイデンティティ
・アイデンティティの定義
・アイデンティティの形成
　＊重要な他者
　＊自己物語
・アイデンティティの危機
　＊存在証明
□就職活動
・現状の就職活動の誕生した時期
・それ以降の経済的背景の変化
・それ以降の企業の雇用状況の変化
・それ以降の就職活動のプロセスの変化

　このように、キーワードのリストアップと、そのキーワードの内容を調べる作業を何度も繰り返しているうちに、あなたは自分が書くはずのテーマにずいぶんと詳しくなっているはずです。これこそが、基礎資料にあたることの目的なのです。

(2) 基礎資料にあたるときの注意

さて、こうした基礎資料にあたる際にはいくつか注意が必要です。ここでは重要なことを２つあげておきましょう。

・調べたことの大半はレポートには直接使えない

　この段階で得られる知識は、より深くより専門的に調査し分析を行うための前提となるものです。このため、そうした深く専門的な調査や分析の結果を表現するレポートのなかでは、しばしば省略されることになるでしょう。
　調べたことは全部レポートに書き込まないと気がすまない、という性分の人がいますが、それはいたずらにレポートを煩雑に読みにくくするだけです。この段階での調べものは、基礎知識の獲得、と割り切りましょう。

・インターネットに頼りすぎない

　インターネット上の情報は玉石混淆です。有益で精確な情報もたくさん存在しますが、それ以上に間違った無責任な情報も大量に流通しています。みなさんがレポートのテーマに選んだ領域に不案内であればあるほど、みなさんはインターネット検索で得られた情報の、どれが有益で精確なのかを取捨選択できません。インターネットで得られた情報については、必要に応じて図書館の資料などで裏づけをとることを忘れないでください。いずれにしても、あなたがレポート初心者であればあるほど、まずは大学図書館の資料を使いこなすことをお勧めします。
　なお、もちろん、官公庁や新聞社など、素性のはっきりした組織のデータベースをインターネット上で使用する場合についてはこのかぎりではありません。こうした資料は、図書館の資料と同様に有効活用しましょう（第８章参照）。
　また、実際のところ、インターネットでしか手に入らない情報というのもあります。たとえば「非リアの生態」を大学図書館に所蔵されている資料から探ろうといっても無理な話です。こういう場合には、インターネットを活用せざるをえませんが、上記のような問題があることを理解した上で、十分注意して作業をしてください。

Column 3 　アウトラインをふくらます　● ● ●

　Step4 では、大まかなアウトラインのつくり方を紹介しました。ここでは、そのアウトラインにさらに肉づけをして、レポートの文章に近づけていくやり方を紹介しておきましょう。いわば、文章を書くための役にたつ、より詳しいメモをつくっていく作業です。

（1）序論の肉づけ

　序論には、テーマと問いと予想について書き込むことが決まっていました。このほかに序論に必要なものを確認しておきましょう。

　読み手に、スムーズに自分のレポートを読んでもらうためには、自分の論じるテーマの世界に、読み手に自然に入ってきてもらわなくてはなりません。こうした導入のためには、以下のようないくつかの工夫が必要です。

＊自分がテーマに巡り会ったきっかけ、選んだ理由を書く。

＊テーマの重要性をアピールする。

＊テーマとその背景について簡単に解説する（とくに、たとえば「非リアの生態」などのように、あまり一般的には知られていない対象をテーマに選んだ場合には、先にその内容について簡単に説明しておくとよいでしょう）。

　これら導入の部分と、テーマを提示したり問いや答えを示したりする部分との組みあわせを考えながら、序論の構成をつくっていきましょう。

＊本論の流れを示す。

　また、本論が長くなったり、複雑になったりする場合には、本論を読み始める前に、読み手にこのあとの流れの地図を見せておくとわかりやすいはずです（アウトラインの段階ではまだ書けないので「未定」としておく）。

　以上に加えて、必要な箇所に、これまでに使用した資料、これから必要になる資料についてメモしておくことも重要です。

（2）結論の肉づけ

＊論証過程を振り返る。

　とくに本論が長くなったり複雑になったりした場合には、結論を述べる前に、あらためて序論で示した予想を紹介し、本論でのその論証過程を簡単に振り返っておくと、読み手に対してとても親切です（アウトラインの段階ではまだ書けないので、「未定」にしておいて、あとから書き入れる）。

　さて、結論を書いたあと、レポートをどう締めくくればよいでしょうか。結論のあとで、レポートを締めくくるのによく使われる定番が２つあります。

＊結論をふまえ、あらためていえること（結論から引きだすことのできる自分の主張等）を書く。

＊レポートを書いてみての反省と展望を書く（自分の研究を客観的に見つめる）。

これらの部分も本論を書いてしまわないと書けません。「未定」としておきましょう。

（3）本論の肉づけ

本論の肉づけは、基本的には、自分の見解を、読み手に受け入れてもらうにはどのような説得の仕方が効果的か、という観点から行っていきます。すでにできている本論の大まかな流れのそれぞれのパートについて、より詳しいアウトラインをつくっていきます。

このやり方は、実は Step3 で本論のアウトラインをつくるときにやったことの繰り返しです。本論のアウトラインをつくるときの作業は、答えの論証に必要だと思われるポイントをピックアップし、それをわかりやすく並べ替える、というものでした。同様にここでも、各パートの説明をするために必要な情報は何かをピックアップし、それをわかりやすく並べるというのが実質的な作業です。

たとえば、本論の最初のパートでは、「自分の経験や能力について問い詰められたりそれを否定されたりすることが、アイデンティティを脅かすことにつながりやすい理由の説明」をすることが課題でした。このためには、まずは社会学におけるアイデンティティという概念の説明をしておく必要があるでしょう。

つづいて、アイデンティティの形成についても説明が必要でしょう。これについては、すでにきっちり基礎資料にあたっているなら、他者の存在と自己物語というのが重要な要素であることがわかっているはずです。だとしたら、まずは他者とアイデンティティの関係について、次に自己物語とアイデンティティとの関わりについて説明する必要があるでしょう。

そして、これらをふまえて、アイデンティティが脅かされる仕組みについて、やっと解説することができそうです。まずは、アイデンティティが脅かされるとはどういう事態かを説明した上で、それが自己物語の崩壊によって生じるといえること、そして自己物語の崩壊は自己の能力や経験について他人から問い詰められることで生じやすいこと、を順に説明すればよいでしょう。

同じようにして、第2のパート「就職活動ではアイデンティティの危機が生じている、ことの裏づけ」や、第3のパート「就職活動では自分の経験や能力を問い詰められる、ことの裏づけ」についても、より詳細なアウトラインをつくっていきます。このように、説明に必要な情報を選び出し、わかりやすく並べるという作業を繰り返しながら、より詳しい本論のアウトラインをつくっていきましょう。

最後に、本論の詳しいアウトラインをつくるときの注意点を2つほどつけ加えておきましょう。

＊資料を添える。

アウトラインには、基礎資料にあたった際に見つけた資料などから、参考になりそうな情報を引用したりメモしたりしておきましょう。この際、かならずその資料の出所を明記しておきましょう。そうしないと、あとからどの資料を参考にすべきなのかわからなくなってしまいます。

＊今後の作業の覚書。

アウトラインをつくっていると、おそらく基礎資料にあたった際に見つけた資料だけでは間にあわない部分がたくさん出てくると思います。そうした場合も、どのような資料が必要か、をメモしておきます。こうすれば、次にやらなくてはならない作業がはっきりします。また、「○○について再検討」など、今後自分がしなくてはならない作業全般についてもメモしておくとよいでしょう。

レポート作成３：
先行研究の調査

■■ **本章のメニュー** ■■

・先行研究を探す目的を知ろう

・先行研究を探そう

　レポートのアウトラインもおおよそ固まりかけてきたところで、今度は本格的に先行研究を調べていく必要が出てきます。この章では、レポート作成に必要な先行研究の調査の仕方について学んでいきます。

Step1 ▶▶ 先行研究の重要性 ▶▶▶

 なぜ先行研究が必要か？

　先行研究とは、あなたが作成しようとするレポートに関連する、これまで行われてきた研究のことです。レポートを作成する際には、この先行研究をたくさん調べる必要があります。なぜ、このような調べものが必要となるのでしょうか。

　まずひとつには、あなたが考えたテーマは、たいていの場合すでにほかの誰かが研究をしている可能性が高いからです。たとえばあなたは、第6章Step3で大学の学部やゼミの卒業論文のテーマを、過去数年間分さかのぼってみたと思います。このとき、あなたが思いついたテーマと似たようなものがたくさん見つかったのではないでしょうか。つまり、同じ時期に同じような環境で過ごす大学生の興味関心は、似通っていることが多く、そこから発生するテーマも似たものが出てきやすくなるのです。

　いやいや、自分の考えたテーマは最新の現象について扱うものだから、誰も研究しているはずはない、と考える人もいるでしょう。たしかに、その現象自体は新しいことかもしれません。ですが、似たような現象や、正反対の現象、さらにはその現象に共通するメカニズムなどについての研究ならば、かならず

存在するはずです。そのような「似たような現象を調べた研究」「その現象の背後にある共通メカニズム」などを調べておき、それを参考にすることで、レポートは単なるあなたの思いつきではなく、これまで発展してきた学問領域の一部に位置づけられるのです。

　さらに、あなたが考えたテーマを裏づけしてくれるものとしても、これまで行われた研究や調査は役にたちます。たとえば、日本の若者がどれくらい音楽をダウンロードしているか調べたい、というときに、あなたはどのような方法を考えますか。自分自身で調べようと思っても、調べられるのは自分の身の周りの人だけでしょう。これはデータとしては不十分です。なぜなら、自分の身の周りの人は、年齢や趣味・嗜好などが自分と似たような人が多く、あなたが調べようとする人たち（たとえば日本人、若者など）全体を代表とするサンプルにはならないからです[1]。このようなテーマを進めていくにあたり、前提を裏づけするためのデータを調べておくことはとても重要です。そもそも、このようなデータを調べてみると、あなたの考えたテーマや予想が、思い込みや勘違いであったりすることがわかることもあります。

 先行研究はかならずある

　たとえば、「『推し活』について調べたい」とあなたが考えたとします。その際、まず何から最初に探し始めるでしょうか。新聞や雑誌の記事、インターネットの検索サイトでヒットしたページでしょうか。おそらく、そこには「推し活」に関するなんらかの記事や記述があることでしょう。まずは、それらにさっと目を通してみましょう。世の中で、推し活がいかに語られているか、いくつかの例が得られるはずです。

　それから次に、最新語句辞典や専門分野の辞典を調べてみましょう。たとえば、『現代用語の基礎知識』（自由国民社）や『文藝春秋オピニオン　20XX年の論点100』（文藝春秋）、『朝日キーワード』（朝日新聞出版）などは、毎年発刊され、その年々の話題となったトピックや流行語などについて詳しい解説が載せられています。このようなものを見て、「推し活ってこんな風に考えられているんだ」といったように、推し活が現代社会でどのように位置づけられているか、その概要がわかると思います。

　それから、ついに「推し活」を扱った本や論文を探すことになります。ところが、新書や評論レベルの本は見つかっても、研究としてまともに取りあげているものはほとんど見つからないかもしれません。それはそのはずです。なぜなら、このような新しい現象が研究対象として扱われ、その成果が本や論文のかたちで発表されるまでには、若干のタイムラグがあるからです。このように、ある現象や事物それだけを見ているかぎり、なかなか自分の参考となる本や論

1　統計調査において「母集団」「無作為抽出」の概念が重要視されるのは、このような意味においてなのです。

　調査に関することは、第9章、第10章を参照してください。

文を見つけられない、ということはよくあることです。

　ですが、あなたは「推し活」の何が調べたいのでしょうか？　「～について」から一歩踏みだして、「～と～との関係」「～が～に及ぼす影響」「～が～ではどのように扱われているか」といった、ある現象と別の何かを組みあわせた問いをたててみましょう。また、どうやってこの現象を明らかにしようか、という具体的な方法を考えてみましょう。このような問いをたてたり、具体的な研究方法を考えてみたりすると、直接「推し活」を扱った研究でなくても、参考にできる本や論文がたくさん出てきます。

　仮に「推し活がどのようにメディアで描かれているか」、このような問いをたてることにしましょう。この場合、「推し活」を描いたメディアについて網羅的に研究しているものはおそらくほとんど見つからないでしょう。

　しかし、直接「推し活」を扱ってはいなくても、これまでにメディアをにぎ

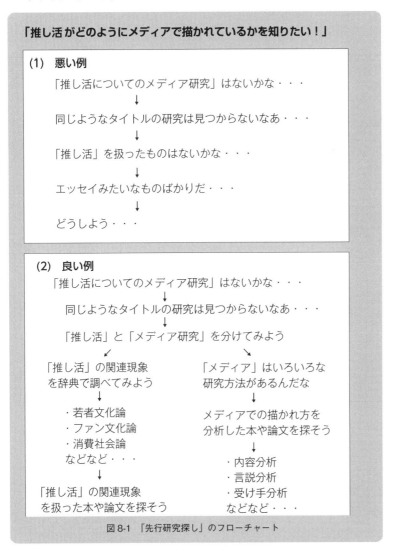

図8-1　「先行研究探し」のフローチャート

2　メディアについて
の研究の詳細は第9
章のPractice3と第
10章のPractice3を
参照してください。

3　量的・質的な調査
の詳細については、第
10章を参照してくだ
さい。

わせたファンの姿、また若者のライフスタイルがどのように描かれていたか、という研究ならばたくさん存在します[2]。そのような研究を調べることで、メディアでの社会現象の取り扱われ方をどのように調べたらよいのかがわかるはずです（悪い例と良い例とを、フローチャートで示してみました。図8-1参照）。

　また、「メディアで取りあげられてきたか」ということを調べる際に、どのメディアを取り扱うのかにより、研究の方法は違ってきます。また、描かれ方を量的にとらえるのか質的にとらえるのかによっても違います[3]。したがって、これまでの研究を調べるにあたって、たとえば「女性向けの雑誌にみる量的な分析」というように、対象とするメディアや分析方法を設定してみましょう。そうすると、雑誌や新聞など活字媒体を調べた研究、量的な内容分析をしている研究、といった同様の方法を用いた研究を探しだすことができます。これらの研究は、具体的に自分が研究を行う際に、似たような方法を使うことができるため、内容的には関係がないと思っても、実は非常に役だつことが多いのです。

Step2 >>> 　先行研究の探し方　　>>>

　辞典・事典から探す

　まず手がかりになるのは、Step1の[2]でも紹介した、その分野の辞典・事典です。辞典・事典というと、広辞苑や漢字辞典、はたまた小学校の時にお世話になった百科事典くらいしか思い浮かばないかもしれませんが、実は社会学なら社会学の、心理学なら心理学の辞典というものが存在しています。それらでは、専門分野の研究においてよく使われる語句を定義づけたり、詳しく解説したりしています。まず、自分が取り扱おうとしているテーマの学問領域の辞典を見つけます。そのなかで自分の研究に関連する現象やテーマがどのように定義づけられ、ほかの現象と関連づけられているかを調べます。

　下にあるのは社会学関連の辞典・事典の例です。ほかにもたくさんあるので図書館に行って調べてみましょう。

〈辞典・事典〉
・一般社会学
濱嶋朗・竹内郁郎・石川晃弘編，2005，『社会学小辞典　新版増補版』有斐閣.
宮嶋喬編，2003，『岩波小辞典　社会学』，岩波書店.
森岡清美・塩原勉・本間康平，1993，『新社会学辞典』有斐閣.
日本社会学会理論応用事典刊行委員会，2017，『社会学理論応用事典』丸善出版.
日本社会学会社会学事典刊行委員会，2010，『社会学事典』丸善出版.
大澤真幸・吉見俊哉・鷲田清一編集委員，見田宗介編集顧問，2012，『現代社会
　　学事典』弘文堂.

・社会思想

今村仁司・三島憲一・川崎修編, 2008,『岩波社会思想事典』岩波書店.

・社会福祉

中央法規出版編集部, 2012,『六訂　社会福祉用語辞典』中央法規出版.

九州社会福祉研究会編・田畑洋一・門田光司・鬼崎信好・倉田康路・片岡靖子・
　　本郷秀和編集代表, 2022,『21世紀の現代社会福祉用語辞典―第3版』学文社.

山縣文治・柏女霊峰, 2013,『社会福祉用語辞典　第9版』ミネルヴァ書房.

・社会心理

日本社会心理学会, 2009,『社会心理学辞典』丸善出版.

応用心理学ハンドブック編集委員会, 2022,『応用心理学ハンドブック』福村出
　　版.

・文化人類学

日本文化人類学会, 2009,『文化人類学事典』丸善出版.

・大衆文化

石川弘義編, 1994,『大衆文化事典（縮刷版）』弘文堂.

・ジェンダー

ジェンダー事典編集委員会, 2024,『ジェンダー事典』丸善出版.

・経済

辻正次・竹内信仁・柳原光芳編, 2018,『新版　経済学辞典』中央経済社.

金森久雄・荒憲治郎・森口親司, 2013,『有斐閣経済辞典　第5版』有斐閣.

入門書や講座を探す

　次に、参考となる本や論文を探しましょう。あなたは自分が興味をもった
テーマを、どのような学問領域のなかで研究しようと考えているでしょうか。
たとえば、先の「推し活」という現象を、社会学的にとらえるのか、経済学的
にとらえるのか、はたまた心理学的にとらえるのかで、参考にするべき本や論
文は当然違ってきます。そこで、自分がとりあえずどのような学問領域のなか
で、このテーマを扱うのかをおおまかに設定します。

　まず手がかりになるのは、その分野の「入門書」です。たとえばそれらに
は、「○○学入門」「○○学を学ぶ人のために」「よくわかる○○学」「○○学の
すすめ」「○○学への招待」「はじめての○○学」「○○学へのアプローチ」な
どのタイトルがつけられることが多くなっています。

　そして、次にそのような学問領域を扱った「講座」と呼ばれるシリーズを探
してみましょう。「講座」とは、ある学問の大部分の領域を紹介するために、
多くの著者たちが分担して各領域を展望する論文を書き、それを何冊かの本に
まとめたものです。そのなかから、関心のある巻、さらには章（論文）を探し

『岩波講座　社会学』（全13巻　岩波書店）

　Ⅰ　ハードとしての社会
　　1.　理論・方法（責任編集＝北田暁大・筒井淳也）
　　2.　都市・地域（責任編集＝岸　政彦・川野英二）
　　3.　宗教・エスニシティ（責任編集＝岸　政彦・稲葉圭信・丹野清人）
　　4.　環境・災害・技術（責任編集＝北田暁大・隠岐さや香・関谷直也）

　Ⅱ　痛みと矛盾の焦点から
　　5.　ジェンダー・セクシュアリティ（責任編集＝丸山里美・山根純佳）
　　6.　労働・貧困（責任編集＝丸山里美・太郎丸博）
　　7.　差別・マイノリティ（責任編集＝岸　政彦・金菱　清・齋藤直子）
　　8.　医療・ケア・障害（責任編集＝岸　政彦・山根純佳・前田拓也）

　Ⅲ　福祉・家族・教育
　　9.　福祉・社会保障（責任編集＝筒井淳也・山根純佳・上村泰裕）
　　10.　家族・親密圏（責任編集＝筒井淳也・永田夏来・松木洋人）
　　11.　階層・教育（責任編集＝筒井淳也・相澤真一）

　Ⅳ　変容するコミュニケーションと人々の行動
　　12.　文化・メディア（責任編集＝北田暁大・東園子）
　　13.　政治・社会運動（責任編集＝山根純佳・明戸隆浩・富永京子）

シリーズ『現代社会と応用心理学』（全7巻、日本応用心理学会企画、福村出版）

　　1　クローズアップ『学　校』藤田主一・浮谷秀一編
　　2　クローズアップ『恋　愛』大坊郁夫・谷口泰富編
　　3　クローズアップ『健　康』玉井　寛、内藤哲雄編
　　4　クローズアップ『メンタルヘルス・安全』森下高治、蓮花一己、向井希宏編
　　5　クローズアップ『メディア』浮谷秀一・大坊郁夫編
　　6　クローズアップ『高齢社会』内藤哲雄・玉井　寛編
　　7　クローズアップ『犯　罪』谷口泰富・藤田主一・桐生正幸編

　て読んでみましょう。上には、社会学と応用心理学の「講座」の例があげてあります。興味のある巻は見つかりましたか。

 研究書や研究論文を探す

　入門書や講座のなかから興味・関心のある本や章を読み、自分が拠って立つ学問領域が定まったら、今度は研究書や論文を探す段階です。②で紹介した入門書や講座には、その文章が参考にしている文献リストが載っています。次は、こうしたところで参照されている専門的な研究書や研究論文にあたってみましょう。その作業により、あなたの研究に関連する多くの専門的な研究が見つかることでしょう。そして、見つかった研究書や論文を読み、さらにそれらの文献リストをたどっていくことで、あなたの研究の幅と深さは大いに広がっていくはずです。

　また、研究論文には、多くの場合、理論についてだけでなく詳しい研究方

法も載っています。入門書などでは、「〜の研究によれば、〜な人ほど〜なことがわかった」といった表記で、理論の根拠となる研究がさらっと紹介されていることが多く、その具体的な研究方法は明らかにされていないことがほとんどです。しかし、研究書や研究論文には、どのような方法で研究を行ったのか（調査であれば、どんな質問項目を使ったのか、調査用紙を配布したのか、個別にインタビューを行ったのか、など）が詳細に記載されているので、研究書や論文にあたることで理論だけでなく研究の方法も参考にすることができます。

 Step3 ▶▶▶ 先行研究の在処 ▶▶▶

1 書誌情報がはっきりしている場合

　ここからは具体的に本や論文を入手する方法について説明します。自分が入手したい文献の書誌情報がはっきりしている場合、第4章で説明したとおり蔵書検索（OPAC）で検索してみてください。

もし、蔵書検索の結果、自分の大学の図書館に所蔵がないことがわかった場合、インターネットの「CiNii Research」[4]の「本」のタブで、当該の本や雑誌を検索してみましょう。このページのトップページの「タイトル・ワード」欄に、書名や雑誌名を入力しましょう。そうすると、該当する本や雑誌名が出てきます。そして、欲しい本や雑誌の名前をクリックすると、全国のどの大学の図書館に所蔵されているか、一覧が出てきます。これらを実際に入手するためには、そのなかでみなさんが行きやすい図書館に行って、閲覧させてもらったり[5]、レファレンスサービスで貸し出しや文献複写をお願いしたりすることになります。

2 書誌情報がはっきりしていない・キーワードで探したい

　書誌情報がはっきりしていない場合や、「このテーマ関連の論文ってないかな」と漠然と探したい場合には、OPACの「キーワード」欄に自分のテーマに関する語を入力してみてください。ただし、OPACでは論文を探すことはできません。

　論文の場合、「CiNii Research」の「論文」のタブが役だちます。これは、学術論文に特化してフリーキーワードで論文が検索できるサービスです。検索方法は非常に簡単で、テーマに関連する単語や著者名など、気になるキーワードを入力し、論文検索ボタンを押すだけです。論文によっては、本文がPDFファイルでアップされており、ここから本文が入手できるものだけを検索することもできます。また、検索した結果と同時

4　URLは、https://cir.nii.ac.jp

【QR8-1】

5　その際、紹介状が必要となる場合があります。これは、自分が所属する大学の図書館のレファレンスで書いてもらえます

図 8-2　CiNii の画面

に、その論文に関連する著者や関連する刊行物の一覧も表示されるので、それも大いに活用しましょう。ただし、すべての論文に PDF ファイルがついているわけではないので、ウェブサイトから本文に直接アクセスできない場合は、同様にその論文を所蔵している行きやすい図書館で閲覧したり、レファレンスサービスを利用することになります。本文を図書館やレファレンスサービスで探す場合には、書誌情報が必要となります。CiNii Research での著者と論文タイトル以外の書誌情報は、「収録刊行物」という表記の下の部分に記載してあります。これらをなんらかの形で記録して図書館に持参するようにしましょう。

　なお、CiNii で PDF ファイルを入手した場合には、そのファイルはきちんと保存するようにしましょう。また、その情報を取得した元の URL アドレスも、再びたどることができるようにメモをしておきましょう。そして、これらインターネットから入手したファイルの保存先がわからなくならないように、専用のフォルダをつくることもお勧めします。

 本や論文をどのように入手するか

　本や論文は、まずは自分が通う大学の図書館で探すことになります。ですが、必ずしもすべてそこでカバーできるわけではありません。その場合、ほかの図書館を利用することになります。まずは、一般の市区町村や都道府県の公共図書館を利用しようと思うでしょう。しかし、公共図書館は研究支援に特化した図書館ではないため、専門的な図書が必ずしも所蔵されているわけではありません。そこで、専門的な図書や学術論文を閲覧するには、他大学の図書館や国会図書館、専門図書館などを利用することになります。国会図書館は、日

本で発行されたすべての出版物が所蔵されていることになっています。また、専門図書館は、民間企業、各種団体、官庁、地方議会、調査研究機関などが設置する図書館で、専門的なテーマに沿った蔵書がそろっています。

専門図書館の一覧は、専門図書館協議会が3年に1度発行している「専門情報機関総覧」などを参照してみましょう。また、専門図書館協議会のホームページにも会員図書館の一覧があります[6]。自分のテーマに関連する本や資料を所蔵している図書館が近くにある場合には、ぜひ足を運んでみましょう。テーマに関する本がもっと見つかるかもしれません[7]。また図書館利用に関する本にも、専門図書館に関する情報が掲載されています。

また、本を入手するには、もちろん購入するという方法もあります。図書館の本は、公共のものであるため、貸出期間には制限があり、書き込みなどはマナー違反になります。ですが、購入した本ならば、自分の本なのでいつでも読むことができるし、書き込みなども自由です。したがって、長い期間、繰り返し使う本であれば、購入した方が、効率がよいでしょう。

最近は、インターネットを通じて本を購入することが一般的になってきました。このようなインターネット通販サイトでは、お目当ての本を購入すると、コンピュータによる検索で、自動的にそれと類似のテーマやおすすめの本を提示してくれます。同一のテーマについて多くの本を参照したい場合には、このような「おすすめ」を活用するのもひとつの手です。また最新刊を探すのには出版社のウェブサイト、絶版した書籍を探すのには「日本の古本屋」などの古書販売サイトを利用するのもおすすめです。

もちろん、街の本屋さんは、最大の情報源です。書店の棚を見ているだけでさまざまな発見がありますし、最新の図書やベストセラーが一目でわかります。ぜひ街の本屋さんにも足を運んでみましょう。

Step4 ▶▶▶ データを保管する ▶▶▶

本や論文を参照したら、その書誌情報を一覧表にした「文献リスト」を作成しておきましょう。その詳細については第12章のStep3を参照してください。このようなリストをつくっておくと、レポートを作成する際には、そのリストを参考文献の一覧として利用できます。文献リストは、この先、大学で学習していく際に、大きな財産となりますから、保存をしっかりしておきましょう。

大学の環境によっては、大学独自のラーニングマネジメントシステム (LMS) や Google Classroom の所定の箇所に保存することも推奨されるでしょう。とくにクラウドストレージサービスや LMS は、自分のファイルのバックアップになるだけでなく、ほかのゼミ生ともファイルを共有できるため、使いこなせると非常に便利です。さらに、自分宛の電子メールに添付して送信しておく

6 URL は、https://jsla.or.jp/about_jsla/member_organization/ また、日本全国の専門図書館は、こちらから検索ができます。
https://calil.jp/library/special

【QR8-2】図書館検索サイト

7 以下の図書が参考になります。
久慈力, 2008, 『図書館利用の達人』現代書館.

と、ファイルのバックアップだけでなく、インターネットが接続できる環境ならばいつでもどこでも手軽にファイルを利用できる、というメリットがあります。

電子データはみなさんが想像している以上に非常にもろいものです。あとで困らないためにも、重要な電子データは二重、三重にもバックアップをとっておくことをお勧めします。また、バックアップ、という意味では、ファイルの保存の仕方やファイル名のつけ方にも工夫が必要です。ファイルを保存する際に「上書き保存」ではなく、「名前をつけて保存」とし、どれが最新版かわかるような名称をつけることで[8]、直近のファイルが破損した場合でも、少し前のバージョンのファイルにさかのぼれる状態を作ることができます。

さて、いよいよ次章から、レポート作成のための調査に入ります。次の第9章では、みなさんがたてた問いに答えるために、自分以外の人が収集したデータを用いてレポートを書く方法、第10章では、自力でデータを収集・分析してレポートを書く方法、第11章では、本格的な調査ではありませんが、レポート作成の参考にできる簡単な調査方法を紹介しています。ゼミのレベルや進行状況に合わせて、第9、10、11章からひとつ以上の章を取りあげて学んでいきましょう。

8 ファイルの名称には更新年月日を入れておくと自分の研究の進捗状況がわかりやすく、また、他者と共有する際にも混乱が生じにくくなります。

Chapter 9

レポート作成4：
二次資料を利用した調査編

■■ **本章のメニュー** ■■■

・アンケートやランキングデータ資料の再分析について学ぼう
・インタビュー記録の再分析について学ぼう
・記事やメディアコンテンツ資料について学ぼう
・二次資料を用いた調査における倫理的配慮を学ぼう

レポートでは、自分のたてた問いに答えるために、調査によって得られたデータや資料を用いる必要が出てきます。このデータや資料は、問いに答えるのにふさわしいものでなければならないし、これらを集めるための調査もまた、この問いに答えるのにふさわしいものでなくてはなりません。

調査というと、まずは自分でアンケートをつくったりインタビューをしたりすることと考えるかもしれません。しかし、私たちが必要とするデータや資料は、ほかの人や機関がすでに収集していたり、ときには定期的に発表していたりするものです。このような他者が収集したデータや資料のことを「二次資料」と呼びます。二次資料は、限られた時間と労力のなかでレポートをよりよいものにするために、非常に重要な役割を果たします。この章では、二次資料を用いた調査のなかから、アンケートやランキングデータ、インタビュー記録やフィールドノート、記事やメディアコンテンツ資料を用いた調査について説明します。

Practice1 >>> アンケートやランキング データ資料の再分析

 アンケートやランキングデータは「サンプル」が命

たとえば、あなたが、若者におけるインターネット動画の利用動向についてレポートを書きたいと思ったとしましょう。そのとき、あなたならどのような方法を考えるでしょうか。身近な友人を何人か集めて、インターネット動画の利用の有無や利用の仕方などを尋ねるでしょうか。

しかし、この方法はレポートの参考にはなっても、データとしての信憑性は

残念ながらきわめて低いといわざるをえません。なぜならば、あなたの友人は、たいていの場合いろいろな点であなたと非常に似通った人たちの集まりであり、若者全体を代表しているわけではないからです。

　レポートのテーマによっては、調査を実施する対象者（サンプル）の代表性は、もっとも重要なカギとなります。その場合、より大規模で体系的に集められたサンプルを用いた調査結果が必要となります。しかし、私たち（とくに大学生）が個人でこのようなデータを集めるのは、予算や時間の都合上、ほとんどの場合できません。

　しかし、悲観することはありません。たとえば、上記のようなテーマでレポートを書くのであれば、新聞やインターネットのニュースに掲載されている「若者のインターネット動画の利用率は95％を超えており、そのうちの大半がスマホで視聴されている」といった記事が、あなたにとって重要なデータとなるでしょう。このような新聞に掲載される調査は、たいていの場合、ランダムサンプリングと呼ばれる統計学的な方法を用いて選ばれた、多くの人から構成されるサンプルを対象にして行われています。そのため、私たちが自分の身近な数人の友人に対してアンケートを行うよりも、ずっと信憑性が高いデータとして利用できるのです。

 ## もとのデータにできるだけさかのぼる

　しかし、新聞やインターネットなどの記事は、多くの場合、調査結果そのものではなく、調査結果から他者が「解釈」したものの発表であることに注意が必要です。たとえば、先の記事を書くために行われた調査のデータそのものを見てみると、「インターネット動画を利用している若者の大半」というのは、実は調査対象者の75％程度であったかもしれません。その場合、このデータを用いて「若者の約4分の1はスマホでインターネット動画を視聴していない」と記事を書くことも可能です。そして、そのように書かれた記事を読んだ人は、若者の大半がスマホでインターネット動画を視聴しているのではなく、若者のなかにもスマホでインターネット動画を視聴していない人が相当数いる、というように感じるかもしれません。

　このように、同じデータを用いても、書き手の解釈や表現次第で、結果が違ったものにみえてきます。他者が行った調査結果をレポートに用いる場合には、発表された記事のみに頼らずに、入手可能な場合にはその調査のオリジナルデータにあたってみましょう。もちろん、生データそのものを見ることは難しいかもしれませんが、その場合でも、その記事が参考にした調査の結果報告書などは、最低限参照するようにしましょう。

③ 大規模サンプルを利用した アンケート結果やランキングデータの例

　以下には、量的調査が見られるウェブサイト・白書等の例を示しました。これ以外にも、さまざまなものがありますが、ここでは、社会科学やメディア論に関する研究を行うのに参考になるものを中心に紹介してあります。もちろん、そのほかの分野でも、その分野ごとに役立つウェブサイトがあるはずです。そのほかのウェブサイトや白書等については、ゼミの担当の先生に聞いてみましょう。

＜ 統計データが掲載されているウェブサイト＞

【QR9-1】
統計データが掲載され
ているウェブサイト

＊内閣府　白書、年次報告書等　https://www.cao.go.jp/whitepaper/index.html
　　各省庁が発表している白書や年次報告書が PDF ファイルの形で公開されている。このページから、内閣府が実施している各種世論調査へのリンクも貼られている。

＊総務省統計局ホームページ／統計データ　http://www.stat.go.jp/data/
　　国勢調査をはじめ統計局が実施している統計調査などの統計表を Excel ファイルのかたちでダウンロードできる。

＊NHK 放送文化研究所　ウェブページ　https://www.nhk.or.jp/bunken/
　　NHK 放送文化研究所が実施している放送やことば、政治意識などに関する調査結果が公開されている。

＊SSJDA　東京大学社会科学研究所附属社会調査・データアーカイブ研究センター　https://csrda.iss.u-tokyo.ac.jp/
　　日本における社会調査の個票データを収集・保管し、学術目的での二次的利用に提供している。データの利用にあたっては、いくつかの制限がある。

＊吉田秀雄記念事業財団　研究支援消費者調査データ　https://www.yhmf.jp/aid/data/
　　吉田秀雄記念事業財団が毎年実施している消費者標本調査の結果データを無償で利用可能。原則として年 2 回、約 5,000 件のサンプル数が回収されており、調査データは、ローデータを Excel 形式とともに SPSS の sav 形式でも提供されている。

＊矢野経済研究所　ウェブサイト　http://www.yano.co.jp/
　　矢野経済研究所が発行しているマーケットレポートについての情報が得られる。もとのデータや調査結果そのものは公表されていないが、これをもとに刊行されているマーケットレポートを入手するとよい。

＊総務省統計局　日本統計年鑑　https://www.stat.go.jp/data/nenkan/index1.html
　　日本統計年鑑（最新版）のオンライン版。日本の国土、人口、経済、社会、
　文化などの広範な分野にわたる基本的な統計データを見たり、データをダ
　ウンロードすることができる。

＊日本銀行統計ウェブサイト　http://www.boj.or.jp/statistics/index.htm/
　　日本銀行関連、通貨関連、各種マーケット関連、預金貸出関連、短観、
　財政関連、国際収支・貿易など、日本の金融にまつわる統計を見ることが
　できる。

＊EDINET　https://disclosure2.edinet-fsa.go.jp/WEEK0010.aspx
　　「Electronic Disclosure for Investors' NETwork」の略称で、金融商品取引
　法に基づく有価証券報告書等の開示書類に関する電子開示システム。有価
　証券報告書や大量保有報告書などを閲覧することができる（平成13年(2001)
　から運用が開始されている）。

＜白　書　等＞
＊日経広告研究所　『広告白書』
　　広告やメディアに関するさまざまなデータを解説つきで示した白書。

＊電通メディアイノベーションラボ　『情報メディア白書』
　　情報メディアに関するホットトピックや海外事情の解説、情報メディア
　に関連するデータが収録されている。

＊一般財団法人デジタルコンテンツ協会　『デジタルコンテンツ白書』
　　コンテンツ産業の市場希望、産業動向などの現状を紹介する白書。

Practice2 インタビュー記録の再分析

 インタビュー記録を別の視点から見る

　たとえば、あなたがインターネット動画のヘビーユーザーの利用状況につい
てレポートを書きたいと考えたとします。そのとき、あなたならどのような方
法を考えるでしょうか。やはり、友人のなかでもっともインターネット動画を
視聴していそうな人を探して、その人から詳しく話を聞いたり、その人と行動
をともにしてインターネット動画の視聴の様子を観察したりするでしょうか。
　この場合、調査の対象者は「インターネット動画のヘビーユーザー」であれば
よいので、こうした方法を用いても、サンプルにはさほどの問題はないと思われ
ます。しかし、思いのほかインタビューや特定の現場に入っての観察調査は、調

査者にかかる負担が大きいものです。限られた時間や労力のなかでレポートを仕上げるためにこの方法を実施するのは、やはり困難をともなうことでしょう。

　そこで、威力を発揮するのが、またしてもほかの人や機関が行った調査結果です。あなたが考えるテーマに関連するインタビューや観察調査におけるフィールドノートなどが、過去の研究から見つかるかもしれません。とくに若者の行動については、非常に興味深いテーマであるため、数多くの研究が発表されています。それらのインタビューの内容を参照して、あなたなりの解釈をしてまとめることも、レポートとして立派な成果となりうるのです。インタビューは、同じ資料を用いたとしても、アンケートやランキングデータのような量的調査以上に、調査者の解釈によって異なった側面が浮き彫りとなる可能性が高くなります。

もとの資料にできるだけあたる

　量的調査のような一見客観的にみえる調査の結果であっても、調査が報告された時点で調査者の一定の「解釈」が加わっています。さらに、その調査結果を引用した記事は、「解釈の解釈」が加わったものとなっています。この点は、インタビューについても同様です。そして、量的調査の場合よりも、調査結果の報告に調査者自身の視点が大きく反映されているため、解釈により調査結果の「みえ方」が著しく違ってくる可能性は大きいといえるでしょう。

　したがって、インタビューを用いた調査結果についても、レポートに用いる場合には、マスメディアやインターネットで発表された記事や、文献での引用部分のみに頼らずに、入手可能な場合には実際の記録を参照しましょう。しかしながら、この記録についても、量的調査の生データ同様、入手は困難な場合が多いことが予想されます。また、記録自体も膨大な量であることが多いのです。したがって、オリジナルな資料を参照できない場合には、少なくとも、孫引きではなく、調査の結果報告書や調査のオリジナルの記録を用いて発表された学術論文を参照するようにしましょう。

インタビュー記録を用いた文献例

　以下には、インタビューを用いて書かれた文献を紹介しています。これ以外にも専門的な研究論文などには多くの例がありますが[1]、ここでは初学者が入手しやすく、読みやすいものや古典的なものを中心に紹介しています。

＜インタビューを用いた文献＞
＊福島民友新聞社編集局編著，2022，『東日本大震災10年　証言あの時』福島民友新聞社.

1　インタビュー記録をさらに資料として再分析し、二次分析の方法や意義についても学ぶことができる文献には、武田尚子，2009，『質的調査データの2次分析』ハーベスト社.がある。

東日本大震災と東京電力福島第1原発事故から10年を経て語られた、福島県の被災市町村長らのインタビューによる震災ドキュメント。福島民友新聞社で連載した「震災10年　証言あの時」を書籍化したもの。

＊岸政彦編, 2021,『東京の生活史』筑摩書房.

　　公募で集められた聞き手150人がそれぞれひとりずつの語り手から生活史を集め、計150人の語りから「東京に生きる」ということを描き出したインタビュー集。話し手1人あたり約1万字の語りが記録されており、1200ページを超える大著である。

＊村上春樹, 1999,『アンダーグラウンド』講談社.

　　1995年に起こったオウム真理教団による地下鉄サリン事件の関係者62人に著者がインタビューを重ねて記したノンフィクション。

＊小熊英二・姜尚中編, 2008,『在日一世の記憶』集英社.

　　2003年秋に始まった在日朝鮮人第一世代の体験談を記録するプロジェクトの集大成。民族団体の活動家、文学者、被爆者、焼き肉屋、教会関係者等など、在日朝鮮人第一世代52人へのインタビュー記録。

＊立花隆・東京大学教養学部立花隆ゼミ, 2008,『二十歳のころ I ／ II』新潮社.

　　東京大学の立花隆是ゼミの学生が、1937年から1958年（I）、1960年から2001年（II）に二十歳を迎えたさまざまな人々にインタビューを試みた記録集。

Practice3 >>> 記事・メディアコンテンツ資料の再分析

 記事やメディアコンテンツ資料は取り扱いが大変

　あなたは「若者に人気のドラマにはどのような特徴があるのか」といったテレビ番組の内容や、「○○事件について、新聞はどのように報道したのか」といったマスコミの報道の仕方などについても興味をもつかもしれません[2]。このようなことを調べるためには、該当するドラマや報道を行った新聞を集める必要が出てきます。

　新聞は、たいていの新聞が冊子による縮刷版やCD-ROM、インターネットでの記事検索サービスを提供しているため、記事を探すのは比較的簡単です。しかし、キーワードで検索したとしても、その量は膨大で、該当する記事すべてを見て分析するというのは時間と労力がかかります。

2　こうしたメディアから流される、娯楽や教養のために文字や音声、映像などを使用して創作する内容、もしくは創作物をメディアコンテンツと呼びます。書籍、音楽、映画、テレビゲーム、アニメなどは、すべてメディアコンテンツといえます。

テレビドラマや映画などの映像作品は、最近放映されたもので人気が高かった作品についてはビデオや DVD などを購入したりレンタルして視聴できたり、YouTube やその他の動画視聴サービスなどを利用して視聴できたりしますが、すべての作品がこのようなかたちでパッケージ化されたり、配信されたりするわけではありません。したがって、現物そのものを探すこと自体が困難な場合も多いのです。

　さらに、分析対象がニュースなどの生放送の番組やバラエティ番組などである場合、放送局でも番組自体が保存されていないこともしばしばあり、過去にさかのぼって見ることができないことの方が多いのが実情です。さらに、コマーシャルなども、いつどのようなものが放映されるか、番組以上にタイミングの見極めが難しいため、ある時期に放映されているあらゆるタイプのコマーシャルを網羅的に入手するといった作業は、一般の大学生が個人で行うには難しい作業となります。そのため、このような映像資料を用いた調査や研究の量自体が、実は決して多くないのです。

　したがって、同様の興味関心により実施された調査や研究を見つけだし、そのデータを再分析したり結果を再解釈することが、限られた時間内でレポートを作成するためには、大変重要な作業となります。

オリジナルデータにあたるのも難しい

　記事やメディアコンテンツを分析した調査・研究の場合、その数自体も量的なアンケート調査に比べれば決して多くありませんが、過去に行われた調査対象そのものやデータそのものを閲覧するのは非常に難しいと思われます。まず、このような調査の場合、用いた資料が膨大なため、調査結果の報告書や文献などでは、そのすべてが収録されていることはほとんどないでしょう。また、映像の場合、その利用に際して著作権の問題が発生している場合があり、資料の閲覧そのものが不可能か、閲覧するために高額な料金を支払わなければならないことがあります。したがって、量的調査やインタビュー、フィールドノート以上に過去の調査のオリジナルデータにあたるのも困難であることが予想されます。とはいえ、このような調査の報告書やオリジナルの研究論文には、多くの場合、単純集計表やクロス集計表などの、詳細な分析結果が掲載されています。そのため、それらの分析結果から新たな解釈を行い、レポートを作成することは可能です。また、これらには、たいていの場合、調査対象の収集・閲覧の方法や分析方法なども詳細に記されています。したがって、分析方法や資料の入手方法を学ぶためにも、オリジナルの研究にあたることは有意義な作業となるでしょう。

　なお、メディアやコンテンツを分析して書かれた文献には、たとえば、テ

3　例として、萩原滋編著, 2007,『テレビニュースの世界像』勁草書房. がある。

4　例として、岩男壽美子, 2000,『テレビドラマのメッセージ』勁草書房. がある。

5　例として、小林直毅編, 2007,『「水俣」の言説と表象』藤原書店.、澁谷知美, 2015,『日本の童貞』河出書房新社. がある。

6　NHK アーカイブス http://www.nhk.or.jp/archives/

レビ番組であれば、同じ時期の複数のテレビニュースを分析することにより、ニュースが伝える外国情報の内容やそれが生み出す世界認識について分析を行ったもの[3]や、過去何年かのテレビドラマにおける暴力や性描写について分析を行い、その経年変化や問題点を提示したもの[4]などがあります。また、特定のメディアやコンテンツを対象とするのではなく、あるテーマにおける複数のメディアでの報道や言論を検証し、ある時代における支配的な言説やそれが個人や社会にもたらす問題点について検証したり、支配的な言説の時系列的変化を描き出したりするものなどもあります[5]。このような文献は、先行研究として参考にすると同時に、分析方法を学んだり、分析結果を引用したり、二次資料として自分の研究に用いたりすることもできます。

 ### ３　テーマに沿って集めた記事やメディアコンテンツ資料を見るためには

　調査報告書や研究論文に記載されている以外に、テーマに沿った記事やメディアコンテンツを集めた資料にあたるには、オンラインで NHK アーカイブス（https://www.nhk.or.jp/archives/）にアクセスするという方法があります。ここでは、NHK が保存している映像約 3 万本のダイジェスト動画を視聴することができます。また、埼玉県川口市にある NHK アーカイブス（川口）を始め、全国の NHK の放送局を訪問してみましょう。ここでは NHK の過去の番組を閲覧するだけでなく、過去の映像を用いた研究のあり方や映像の歴史や仕組みなどについても学習することができます。また、閲覧可能な番組の検索や放送開始当時からの番組表などは、NHK アーカイブスのウェブサイトから見ることができます[6]。

　また、過去に発行された新聞記事や雑誌記事、関連する法律などをテーマごとに集めた資料集や、『「明星」50 年　601 枚の表紙』（集英社）のように、グラビア雑誌の表紙を網羅的に収録した資料集などは、それ自体が一次資料ともいえますが、たいていの場合、その内容やオリジナルが発行された時代背景などの解説がついているので、それらもレポート作成の参考になるでしょう。さらに、さまざまな博物館が、企画展や特別展を開催した際に、その解説書や図録を作成・販売しています。以下に、東京の主な博物館の図録・刊行物紹介ウェブサイトやオンラインで世界中の美術品を閲覧できるサイトを掲載しました。もちろん、博物館は日本国内だけでなく世界中にありますので、ここでの例はほんの一部ですが、興味があるものを参照してみましょう。

<展覧会などの図録紹介ウェブサイト>
＊江戸東京博物館（大規模改修中につき休館中）

https://edo-tokyo-museum.or.jp/

＊紙の博物館

https://papermuseum.jp/ja/

＊国立民族学博物館

https://www.minpaku.ac.jp/

＊国立歴史民俗博物館

https://www.rekihaku.ac.jp/exhibitions/index.html

＊東京国立博物館

https://www.tnm.jp/

<オンライン美術品サイト>

＊Google Art & Culture

https://artsandculture.google.com/

Google のパートナー団体が所有する世界中の美術品を、高画質で鑑賞できるサービス。ストリートビューや検索機能、教育ツールも含まれている。

【QR9-2】
展覧会などの図録紹介
ウェブサイト

Plus α ≫≫ 二次資料の利用における倫理的問題 ≫≫

　これまで、自分のレポートを書く際に、他者が行った調査の結果やデータを利用する方法について述べてきましたが、このような場合にかならず留意すべき倫理的な問題について簡単に説明しておきます。

1 調査結果の利用は「引用」と同じ

　まず、他者が行った調査結果そのものを利用して、それに対して自分なりの解釈を加えてレポートを書く場合の留意点です。この場合、あくまでも調査を行い、基礎的な分析を行ったのは、あなたではなく他者です。つまり、あなた自身は、この調査結果を「引用」して、それにあなたなりの考えを述べたということになります。したがって、このような場合には、文献やインターネットのサイト、新聞記事などを引用する際のルールと同様のかたちで、調査主体、実施（発表）年、調査名、場合によっては調査が発表された媒体名などをレポート内に明確に示さなければなりません。また、他者が行った調査には、調査結果とともに他者によるそれに対するコメントや意見などが示されている場合があります。そのようなコメントや意見などを引用する場合には、あなた自身の意見とそれとを混同しないようなかたちでレポートに示す必要があります。な

お、レポートにおける引用の仕方については、「第12章　レポート作成5：引用・参照の仕方」に詳しく示してあるので、かならず参照するようにしましょう。

 ## データの二次利用は「承認」が必要

　かなり専門的な話になりますが、調査結果そのものではなく、他者が行った調査の生（なま）データを利用して、自力で分析を行う場合には、また別の配慮が必要となる場合があります。たとえばそのデータの利用に際し、なんらかの制限や利用目的が限定されている場合があります。代表的なものとしては、東京大学社会科学研究所附属社会調査・データアーカイブ研究センターが提供している生データは、利用対象者が「大学または公的機関の研究者、教員の指導を受けた大学院生」に制限されていて、利用目的は学術目的の二次分析に限定されています（一部のデータは、学部学生が卒論などの研究目的で利用できます）。また、二次利用に際して、特別な申請や料金が発生する場合もあります。そして、誓約書などの提出を求められ、違反した場合には制裁が加えられることもあります。このように、他者が収集した生データを利用して再分析する際には、データ提供者からその利用を承認されることが必要となります。もちろん、これらのデータを利用して再分析を行った場合にも、データを収集したのはあなたではなく「他者」なのだから、レポートを書く際には、他者からデータを提供してもらったことを明記しなければなりません。データ提供者によっては、結果の公表の際に、その明記の仕方を指定している場合もあるので、その指示にはきちんと従うようにしましょう。

　そして、提供されたデータを用いた分析結果を、どのような範囲まで公開してよいかについても、きちんと確認しましょう。当初の目的以外にデータを流用したり、商業的な利用をしたりすると、制裁が加えられる場合があるので、データの利用の際に、あらかじめ自分の利用目的や発表の場がデータ提供者の意向に沿うものであるか、確認してからデータを利用するようにしましょう。

 ## いずれにせよ他者に対する「敬意」が必要

　調査結果の再解釈であっても、二次データの再分析であっても、大切なのは「他者」が行ったことを利用させてもらっているという感謝の気持ちです。先に述べた「引用」のルールに従うことや、提供者情報をきちんと示しましょう。

　たかが、「調査結果の引用」「データの二次利用」と軽く考えず、膨大な労力を割いて調査を行った他者に対してつねに敬意を払う姿勢を忘れずに、研究に取り組みましょう。

レポート作成４：
実 査 編

■ ■ **本章のメニュー** ■ ■ ■
・アンケート調査について理解しよう
・インタビュー調査について理解しよう
・資料調査（メディア分析）について理解しよう
・調査における倫理的配慮について学ぼう

　現在、日本国内だけでも、日々大量の調査が行われ、調査結果やデータが一般にも公表されています。しかし、「他者」が行った調査は、あくまでもその「他者」の目的に合わせて行われたものであり、あなた自身の興味関心に完全に合ってはいないでしょう。また、一般的な項目は調べてあっても、あなたが知りたい特定の部分はわからないかもしれません。したがって、レポートを書くために、あなたがどうしても知る必要があり、そして、既存の調査結果からは知ることができない項目や内容については、自力で調査を行うことになります。

　この章では、さまざまな調査方法のうち、文系の大学生がよく利用するアンケート調査、インタビュー調査、メディア分析について、簡単に説明します。本章で紹介できるのは調査方法の一部にすぎません。それぞれの調査方法の詳細やこれら以外の調査方法については、ゼミでの指導を受けたり、文献などで学んだりしましょう。

Practice1 アンケート調査の実際

 誰に調査するのか

　アンケート調査[1]のように、結果を統計的に処理し、数量的に対象を把握する調査は量的調査、もしくは定量調査と呼ばれます。アンケート調査では、「誰に調査をするか」が大きなポイントです。この調査対象者の選び方で、調査は大きく２つに分かれます。それは全数調査と標本調査です。

　全数調査とは、調査対象者すべてに行う調査のことです。国勢調査がその代表例です。標本調査は、対象者となる全員の集合である母集団のなかからある一定の規則にもとづいてサンプルを抽出して行う調査です。新聞社が行ってい

1　ここでのアンケート調査は「社会調査」のことを指しています。そのほかにもアンケートを使用したマーケティング調査、世論調査の方法もあります。

2　近年では、有意抽出による調査対象者の確保のために、調査会社を経由した Web 調査も盛んに行われるようになっています。また、Google フォームなどの Web アンケートフォーム用ツールを用いて、クラウドソーシングサービスや SNS を通じて回答を求めるということも増えています。

このように Web を経由した調査は、比較的安価で容易に大量のサンプルを一度に集めることができる一方、回答者の代表性や回答の質の問題については批判もあります。

3　たとえば「あなたは野球やサッカーが好きですか」と聞いた場合、「野球が好き」「サッカーが好き」「両方好き」の少なくとも3種類の人が「はい」に〇をつけてしまいます。これでは分析には使えません。

る世論調査や、テレビの視聴率調査も標本調査の一種です。標本調査では、サンプルの抽出方法がもっとも重要となります。

サンプルの選び方は、大きく分けて無作為抽出と有意抽出とがあります。有意抽出は、母集団の一部を抽出するとき、それが母集団をうまく代表するかどうか考慮することなく、調査者の恣意に基づいて抽出する方法です[2]。それに対して、無作為抽出（ランダムサンプリング）は、母集団をうまく代表するように母集団の一部を抽出するものです。

ランダムサンプリングの方法には、単純ランダムサンプリング、系統抽出法、多段抽出法、層化抽出法などさまざまな方法があります。これらの詳細については、Practice1 ので紹介する参考書を参照しましょう。

アンケート票作成にあたって

サンプリングとともにアンケート調査で重要なのが、どのような項目をどのように質問するかです。アンケート調査の場合、同一の質問を数多くの人に回答してもらうため、わかりやすく誤解のないかたちで質問をしなければなりません。また、調査対象者の回答時間の都合上、質問の量も制限されることが多くなります。さらに Plua α で詳しく説明しますが、質問すべきでない項目や質問しても正確な回答が得にくい項目もあります。そのため、アンケート票の作成の際には、自分が「訊きたいこと」以上に「訊き方」が重要です。アンケート票作成の際に配慮すべき点については、Practice1 ので紹介する参考書を参照しましょう。そして、調査の実施前に、自分が作成したアンケート票を何度もチェックしましょう。この作業をおろそかにすると、大変な労力をかけた調査が無駄になることすらあります[3]ので、慎重に行いましょう。

アンケート調査の限界

アンケート調査は、多数の対象者から幅広く回答を求め、全体的な傾向を把握するのに有効な調査方法です。また、調べたことを統計的に処理し量的に把握できるため、対象を客観的に把握できます。

しかし、アンケート調査では、さまざまな制約から質問項目の量をしぼらざるをえないことが多く、表面的なことしか明らかにできないかもしれません。また個別の対象者に合わせて質問を変えたり、深く質問したりできないため、質問した内容についてはわかっても、あらかじめ設定した質問以外の事柄との関係がわかりにくいこともあります。つまり、ある特定の人物や事柄の詳細や背景を深く追求したい場合には、アンケート調査だけでは限界があります。そのような場合には、Practice2 で説明するインタビュー調査が有効となります。

アンケート調査についてさらに学ぶために

　実際にアンケート調査を行うには、ここまで述べた以上に多くの調査に関する知識、技法が必要となります。以下は、その参考書の一例です。自力でアンケート調査を実施する際には、これらのうちから必要なものに目を通して、アンケート調査の方法をきちんと学びましょう。

<アンケート調査（量的調査）および統計学の参考書>
安藤明之, 2021,『初めてでもできる社会調査・アンケート調査とデータ解析〔第3版〕：社会調査士カリキュラムA〜DおよびEに対応』日本評論社.
林雄亮・石田賢示, 2017,『基礎から学ぶ社会調査と計量分析』北樹出版.
小宮あすか・布井雅人 2018,『Excelで今すぐはじめる心理統計──簡単ツールHADで基本を身につける』講談社.
森岡清志編著, 2007,『ガイドブック社会調査　第2版』日本評論社.
盛山和夫, 2004,『社会調査法入門』有斐閣.
大谷信介・木下栄二・後藤範章・小松洋編著, 2023『最新・社会調査へのアプローチ──論理と方法』ミネルヴァ書房.
篠原清夫・清水強志・榎本環・大矢根淳編, 2010,『社会調査の基礎──社会調査士A・B・C・D科目対応』弘文堂.
白谷秀一・内田龍史・朴相権編著, 2009,『新版　実践はじめての社会調査──テーマ選びから報告まで』自治体研究社.
轟亮・杉野勇・平沢和司編, 2021,『入門・社会調査法〔第4版〕──2ステップで基礎から学ぶ』法律文化社.

Practice2 >>> インタビュー調査の実際 >>>

 ## インタビュー調査とは

　ここでのインタビュー調査は、「聞き取りによる調査」と言い換えてもよいものです[4]。インタビュー調査は、アンケート調査に比べ、詳細な質問が可能で、さまざまな項目のあいだの関係性や、調査対象者の質問項目に対する意味づけや価値観がわかります。つまり、調査対象者から話を聞くことで、外側から見ているだけではわからない調査対象者がもつ主観的な意味世界を明らかにする調査といえます。このようなインタビュー調査に代表される、個別の対象に深くアプローチする調査は、質的調査もしくは定性調査と呼ばれます。
　インタビューは、インタビューを行うグループの大きさで分けると、集団による集合面接（グループインタビュー）と個別に行う深層面接（デプスインタビュー）の2種類に大きく分けられます。集合面接は、たいていの場合、少人数のグ

4　インタビューを利用した調査には幅を広げれば参与観察やライフヒストリー調査も含まれます。そのような調査をする場合は担当の先生に質問してみましょう。

ループを 1 ヵ所に集め、調査者が話題を提供し、それに対して調査対象者同士がそれぞれ自由に回答を出しあうことで、話題が発展していきます。そして、その回答のなかから、量的調査では明らかにできない調査対象者の心理面や価値観などを明らかにしていきます。深層面接は、1 対 1 で長めの時間をかけて行うインタビューで、調査対象者の意識の奥深くまで踏みこみ、その複数で多様なあり方を明らかにしていきます。

　また、インタビューは、アンケート内容や質問の順番をどれだけ決めているか（構造化の度あい）でも分けられます。構造化インタビューは、あらかじめ質問を用意して、すべての調査対象者に同じ順序で行います。ここでは、インタビューは標準化されたインタビューガイドにしたがって、一問一答式で進められていきます。調査者は質問者、調査対象者は回答者の役割に徹し、柔軟なやりとりは許されません。それに対し、非構造化インタビューは、質問をあらかじめ厳格に用意しておくのではなく、質問をその場の状況やインタビューの進展の状況によって質問を出していきます。そのため、調査対象者の回答によって質問も変わります。そして、調査者と調査対象者はお互いに質問を出しあうことができ、柔軟な相互作用をすることができます。半構造化インタビューは、この 2 つの方法の中間にあたります。

　それぞれの方法の詳細については、Practice2 の に紹介する＜インタビュー調査（質的調査）の参考書＞を参照しましょう。

② インタビュー調査における留意点

　インタビューを始めるには、まずは「アポイントメント」をとる、すなわち調査対象者と会う「約束」をする必要があります。学生のなかには、「突撃取材」などと称して、事前の断りなしに思いつきで調査対象者のところに押しかけようとする人がいますが、これは調査対象者にとっては大変迷惑な話です。まず、インタビューをする前に、調査対象者に対しお願い状を送るなどして、事前に会う日時と場所を確定しましょう。お願い状には、自分の名前、所属や身分を明記し、研究の意図やおよその所要時間、インタビューをする場所などについて触れておきます。このような作業により、調査対象者にインタビューをしてもよいという同意を得ることが大切です。

　また、インタビューをするときに、とにかく調査対象者に会って話を聞けさえすれば、何かが得られるだろう、と思うかもしれません。しかし、それは大きな間違いです。構造化インタビューであれば、事前にすべての質問項目と順番を決めておく必要がありますし、非構造化インタビューであっても、自分が明らかにしようとすることに沿って、おおよその質問内容や質問の進め方を決めておくといった事前の計画が必要となります。このような計画なしにインタ

ビューを行うと、自分の明らかにしたいことをまったく聞けず、単なる時間の無駄になってしまうこともあります。事前の計画をきちんとたててからインタビューに臨むようにしましょう。

さらにインタビューでは、調査対象者に長時間、深い内容について語ってもらう必要がしばしば生じます。また、1回かぎりではなく、何度もインタビューに答えてもらうこともあります。その場合、調査対象者との信頼関係が重要となります。調査対象者には、研究目的だからといって、何をどのように聞いても許されるわけではありません。つねに調査対象者の立場になって、無理のない範囲で協力してもらいましょう。また、調査で得られた回答の公表についても、調査対象者から同意を得る必要があります。この点は、Plus αを参照しましょう。その上、インタビューでは、質問に対する答えやすさとその答えの引きだし方が成功のカギを握る場合があります。有効な質問の方法についても、次のページで紹介する参考書を参照しましょう。

 ## インタビュー調査の限界

インタビュー調査は、特定の人々や集団に対して、深い質問や詳細な記録をすることで、その人々や集団の全体像や主観的世界を明らかにできます。しかし、インタビュー調査の場合、さまざまな制約から対象とするサンプル数がアンケート調査に比べ少ないのが普通です。したがって、インタビュー調査の結果は、事例の報告としては大きな意義があっても、その結果を一般化できない場合もあります。

また、インタビュー調査の場合、少数の事例から調査対象者の主観的世界を読み解くという作業を行うため、調査者自身の主観が入りこむ余地が大きくなります。そのため、調査結果を記述する際に、相手が語ったこととそこから引きだしたこと、自分の考えとをしっかりと意識して区別しましょう。

さらに、インタビュー調査は、対象者の心をひらく「ラポール[5]」の技術や対象者から話を聞く「聞き方」の技術が、アンケート調査以上に難しく、また重要となります。したがって、インタビュー調査には訓練も必要だということを理解しておきましょう。

5 調査者と調査対象者の信頼関係を築くこと

 ## インタビュー調査についてさらに学ぶために

実際にインタビュー調査を行うには、ここまで述べた以上に多くの調査に関する知識、技法が必要です。とくに、インタビューの技術やインタビューで得られた記録の分析方法は、きちんと知識を得るだけでなく、上記のPractice2の③でも示したように訓練も必要です。以下は、その参考書の一例です。自

力で質的調査を行う前に、これらのうちから必要なものに目を通して、質的調査の方法をきちんと学びましょう。そして調査の実施にあたってはゼミや担当の先生にアドバイスを受けるようにしましょう。

<インタビュー調査（質的調査）の参考書>

Holstein, James A. and Gubrium, Jaber F., 1995=2004, 山田富秋ほか訳『アクティヴ・インタビュー──相互行為としての社会調査』せりか書房.

河西宏祐，2005,『インタビュー調査への招待』世界思想社.

岸政彦・石岡丈昇・丸山里美，2016,『質的社会調査の方法──他者の合理性の理解社会学』有斐閣.

工藤保則・寺岡伸悟・宮垣元編，2022,『質的調査の方法〔第3版〕：都市・文化・メディアの感じ方』法律文化社.

中嶌洋，2015,『初学者のための質的研究26の教え』医学書院.

桜井厚，2002,『インタビューの社会学──ライフストーリーの聞き方』せりか書房.

佐藤郁哉, 2006,『フィールドワーク　増訂版──書を持って街へ出よう』新曜社.

谷富夫・芦田徹郎編著，2009,『よくわかる質的社会調査・技法編』ミネルヴァ書房.

谷富夫・山本努編著，2010,『よくわかる質的社会調査・プロセス編』ミネルヴァ書房.

山口富子編著，2023,『インタビュー調査法入門──質的調査実習の工夫と実践』ミネルヴァ書房.

Practice3 >>> 資料調査の実際

 資料調査（メディア分析）とは

史料や資料を収集し分析して活用する方法は、人文科学・社会科学にわたってさまざまにあります。寺社やミュージアム、各施設を訪れて適切な資料を収集する方法もあります。ここでは社会調査に近い手法としてのメディア分析を紹介します。

ここでいうメディア分析とは、メディアから流される情報の分析を通じて、コンテンツの制作者や受け手、またメディアそれ自体の特性、さらにメディアが置かれたさまざまな社会的・文化的な状況を把握するものです。定義は漠然としていますが、メディアから流されるありとあらゆる形態の情報を対象とし、量的または質的な分析を行い、そこから意味を読みとる作業といえます。メディアを通じて流された内容をもった情報のひとまとまりを、メディア論の文脈では「テキスト」と呼びます。

それでは、メディア分析のうち、テキストを量的に把握する方法と質的に把握する方法の2つについて、簡単に説明しましょう。

 ## テキストの内容を量的に分析する

メディア分析では、テキストの内容をなんらかの量的データとして把握し、分析する方法が用いられることがあります。たとえば、ある特定の時期の新聞の社会面におけるニュースの種類や、複数のテレビドラマにおける暴力的シーンの量などをカウントします。その上で、現実世界における統計（犯罪統計など）との対比などを行い、新聞報道やテレビドラマがもつ社会的な意味を明らかにしたりします。このような分析を「内容分析」と呼ぶこともあります。

ただし、このような新聞やテレビなどのメディアから得られるテキストそのものには、「このニュースは犯罪のニュースだ」「これは暴力シーンだ」といったしるしや説明があるわけではありません。したがって、分析にあたって、内容を分類するための「コード化」が行われます。具体的には、テキストを分類するための定義を示したコーディングマニュアルを用意し、それを用いて内容を分類していきます。そして、たいていの場合、複数のコーダーが、コーディングシートと呼ばれる用紙を用いてテキストを分類し、その結果を統合し分析するというかたちをとります。最近では、文学作品やWeb上のテキスト（掲示板、ブログ、SNSの書き込みなど）を分析するテキストマイニングやデータマイニングも、フリーソフトを用いてパソコン上で簡単にできるようになりました。その手法を説明するウェブサイトや参考書もあります[6]。

 ## テキストの内容を質的に分析する

テキストは、もともと質的なものであるため、上記のような量的な分析だけでなく、質的な分析も重要となります。テキストの質的な把握では、特定の少数のサンプルを対象とし、その語られている内容を細かくみていく作業によって、そのテキストにおける発言や行動がもつ意味や、またそれらが描き出す世界観、そしてそれらと外部世界との関わりなどを明らかにしていきます。そして、そのなかから、調査者独自の視点によるテキストの「読み解き」を行うことになります。たとえば、ある特定のマンガやテレビドラマの登場人物のせりふに着目し、その内容から、その作品が描きだす世界観を明らかにし、それがどのようにその作品の描かれた時代や社会を反映しているか、といった具合です。

テキストの質的な分析は、量的な分析に比べ定義やその方法について、研究者のあいだでも意見が分かれています。しかし、調査対象者に対する調査において量的な調査と質的な調査の両方が重要であるのと同様に、テキストの質的

6　テキストマイニングのフリーソフトは、KH Coder (http://khc.sourceforge.net/)（有料サービスあり）がある。

な分析は重要な研究です。そして、量的な分析と相反するものではなく、メディアのテキスト理解において、お互いに補いあう関係にあるといえます。

 ## メディア分析の限界

　量的であれ、質的であれメディア分析を行うことでメディアで何がどのように語られ、メディアのテキストがその時代をどのように反映しているかを理解することができます。

　しかし、これらの調査手法で明らかになるのは、あくまでもメディアのテキストの内容そのものです。これらの結果から、そのメディアのテキストを作成した送り手の意図や、メディアのテキストがその受け手に及ぼす影響までを明らかにできるわけではありません。

　また、テキストの量的／質的な分析とも、その切り口によりさまざまなかたちでメディアのテキストを読み解くことができます。したがって、同じメディアのテキストを用いても、その解釈の枠組み次第で、さまざまな結果が得られます。とくに、質的な分析では、その解釈において調査者の主観が入りこみやすくなります。したがって、せっかく行った調査を単なる個人の感想レベルにとどめておかないために、調査結果を客観的に示す工夫が必要となります。この点は、Practice2 の ③ と同様です。

 ## 調査法の実際

　メディア分析を実施するには、メディア分析に特化した知識とともに、量的な分析であれば量的な調査についての知識が、質的な分析であれば、質的な調査の技法を参考にする必要があります。さらに、メディアに関するさまざまな知識も必要となる場合もあります。以下は、その参考書の一例です。自力でメディア分析を実施する際には、これらのうちから必要なものに目を通して、メディア分析の方法をきちんと学びましょう。

＜メディア分析の参考書＞

有馬明恵，2021，『内容分析の方法　第 2 版』ナカニシヤ出版.

藤田真文・岡井崇之編，2009，『プロセスが見えるメディア分析入門——コンテンツから日常を問い直す』世界思想社.

樋口耕一，2020，『社会調査のための計量テキスト分析——内容分析の継承と発展を目指して【第 2 版】』ナカニシヤ出版.

石田基広，2022，『Python で学ぶ　テキストマイニング入門』C&R 研究所.

小林雄一郎，2019，『ことばのデータサイエンス』朝倉書店.

小玉美意子編，2008，『テレビニュースの解剖学——映像時代のメディア・リ

テラシー』新曜社.

島崎哲彦・坂巻善生編著，2007,『マス・コミュニケーション調査の手法と実際』
　　学文社.

末吉美喜，2019,『テキストマイニング入門―― Excel と KH Coder でわかる
　　データ分析』オーム社.

牛澤賢二，2021,『やってみよう テキストマイニング［増訂版］――自由回答
　　アンケートの分析に挑戦！』朝倉書店.

Plus α ≫ **社会調査に際しての 倫理的問題** ≫

　これまで、レポート執筆のための自力での調査方法について簡単に述べてきましたが、最後に、調査の際に留意すべき倫理的な問題について説明します。

 質問内容の問題

　まず、アンケート調査やインタビューでの質問内容の問題です。自分の興味関心に従って調査を設計するのだから、質問したいことはなんでも質問しようと考えるかもしれません。しかし、調査の目的に関係ない興味本位での質問は絶対にしてはなりません。

　また、調査目的に深く関わるものでも、調査対象者にとって回答しにくい質問があります。たとえば、人種や宗教、病気に関わること、場合によっては家族や性に関わる質問などは、一般に回答しにくいものです。これらを尋ねる場合には、一定の配慮が必要です。

　また、個人が簡単に特定できるような情報（名前や住所、電話番号など）は、必要以上に尋ねないようにし、質問した場合にも、それらの情報を調査目的以外に利用してはいけません。

　上記のような個人が特定されるような情報は、個人情報と呼ばれ、近年は個人情報保護法の制定により、その取り扱いについて厳重な注意が求められています。なお、個人情報保護法の詳細については、個人情報保護委員会のウェブサイト[7]を参照しましょう。また、質問内容の選び方やデリケートな内容の質問方法については、社会調査や市場調査に関する専門書でしっかり学びましょう。

7　個人情報保護委員会
https://www.ppc.go.jp/personalinfo/

**アンケート用紙や
アンケートデータ・インタビュー記録の扱い**

とも関連しますが、調査を実施した際、調査対象者が記入したアンケート用紙やインタビュー記録などは、個人情報が大量に詰まったものです。また、回答しにくい内容について善意で回答してくれたものであったりします。このような調査票は、外部に漏れないように厳重に保管しなければなりません。

また、データの入力や分析が終わり、不要になったアンケート用紙やインタビュー記録の処分にも注意が必要です。簡単に紙ごみとして捨てると、第三者がそのアンケート用紙を目にし、個人情報を特定して乱用するかもしれません。処分する際には、シュレッダーにかけるなど、アンケート用紙や記録の内容が調査に関係のない人に見られないかたちにしてから処分しましょう。フォームで回収したデータやWeb調査会社から納品されたデータなどのデジタルデータについても、暗号化された専用のUSBメモリやインターネットに接続しないPCに保存して保管するなど、漏洩しないよう十分な配慮が必要です。

3 調査対象者への配慮

調査対象者は、たいていの場合、善意で回答してくれているものです。調査によっては、調査対象者にとって回答しにくい内容を含んでいるかもしれません。そのような場合に回答を強制することは、人権侵害にもなりかねません。調査対象者に対してはつねに感謝の気持ちを忘れずに接しましょう。そして、調査対象者がこころよく協力してくれる範囲で調査を行うようにしましょう。

また、調査対象者のなかには、デリケートな問題について、あなたを信頼して回答してくれる人もいるかもしれません。そのような信頼関係を損ねるような行為はしてはなりません。たとえば、本人が特定できるようなかたちでの結果の公表や許可を得た範囲を超えた結果の公表、また、調査で得られた情報の第三者への漏えいは、善意で回答してくれた調査対象者の気持ちを著しく傷つけることになります。場合によってはそれがきっかけで、調査対象者が第三者から攻撃されたり、誹謗中傷を受けたりする可能性すらあります。この点については、十分すぎるくらいの配慮が必要です。そして、結果の公表にあたっては調査対象者にしっかりとした合意を得ておきましょう。

さらに、調査対象者には、調査結果を知る権利があります。調査対象者に調査への協力を依頼する際には、あなたが行う調査の結果は、どのような目的で利用され、どのようなかたちで公表されるのか、あらかじめ調査対象者に明らかにしましょう。そして、調査結果について、可能なかぎり調査対象者にフィードバックを行いましょう。

倫理規程などの紹介

　近年、このような調査（社会調査や市場調査）に対する倫理への関心が高まり、さまざまな学会や団体などが調査倫理に関する規程等を出すようになっています。そして、学会や市場調査業界においては、倫理規程等に示されている一定の手続き・ガイドラインに従って調査を行うことが要請されています。

　社会調査や市場調査に関する倫理規定の代表例としては、学会が作成しているものでは、一般社団法人社会調査協会の倫理規程である「社会調査協会倫理規程」（2009年5月16日制定）があります。また、一般社団法人日本マーケティング・リサーチ協会は「マーケティング・リサーチ綱領」（2018年12月第2版）を制定しています。また、社会学会、心理学会などで、それぞれの学会ごとに倫理宣言・倫理綱領・指針（ガイドライン）などを出しています。これらは調査方法に関する具体的な記述というよりは、調査倫理に関する理念的なものですが、関心のある研究領域・学会が制定しているものについては、一読しておきましょう。

<協会・学会等の調査倫理規程が掲載されているウェブサイト>
＊一般社団法人社会調査協会　倫理規程
　https://jasr.or.jp/chairman/ethics/
＊日本社会学会倫理綱領
　https://jss-sociology.org/about/ethicalcodes/
＊一般社団法人日本マーケティング・リサーチ協会　綱領・ガイドライン等
　https://www.jmra-net.or.jp/rule/
＊公益社団法人日本心理学会　倫理規程
　https://psych.or.jp/publication/rinri_kitei/

【QR10-1】
協会・学会等の調査倫理規定が掲載されているウェブサイト

11

レポート作成4：
ワークショップ調査編

■ ■ ■ 本章のメニュー ■ ■ ■ ■
・簡易アンケートをゼミ内で実施しよう
・簡易インタビューをゼミ内で実施しよう
・資料収集をゼミ内で実施しよう

　本章は、第9章と第10章を時間の都合上省略せざるをえない場合、ゼミの時間内に簡易的な調査をしてみようという内容です。なお、ここでは対面ゼミを想定していますが、オンラインでも対応可能です。もちろん本格的なレポートを作成するためには、第9章と第10章の内容にじっくり向きあう方がよいことはいうまでもありません。本章は、1年生前期でレポート作成のひととおりを体験的に実施するために用意されています。もしくは、ゼミメンバーの相互の意見を集約する作業にもなりますので、第9章と第10章を経由した上で、自分のレポートに足りないアイディアを補う目的で使うこともできます。

Practice1 ≫≫ アンケートをしてみよう ≫≫

　レポートを書いていて、論理的に詰まってしまった部分や、もう少し知っておきたい部分は生じませんでしたか？　まだ学術的思考に長けていないみなさんの場合、ひとりの頭で考えだすことには限界があります。そこで、ゼミを利用しましょう。ゼミにはほかのメンバーがいます。10人いれば10とおりの考え方があります。その知恵を、自分のレポートのために活用させてもらうのです。
　それでは、ゼミのメンバーからの考えをひきだすために使うことができる簡易アンケートの方法を説明します[1]。

　まず**課題シート11A**を用意します。シートの上部に、質問文を書きましょう。シートには、設問の選択肢を記入する欄、自由記述設問を書く欄があります。
　そこに、
　＊アンケート風に回答を集めたいこと
　＊端的に意見が知りたいこと
　＊論理構成でどのように考えてよいか悩んでいること

1　本授業回がオンラインの場合、第1章のゼミ参加ゲーム「Q&Aセッション」(P.17) を参考に、Googleフォームを使用し、先生の協力をもとに、アンケートを集めましょう。

などを、わかりやすく質問文にします。図11-1の作例を参考にしてください。なお、各シートに質問文は1種類にしましょう。答える方が大変になりますので。もし複数の質問を訊きたい場合は、**課題シート11A**をコピーして使ってください。

　設問をつくり終えたら、ほかのゼミメンバーに渡し、全員に回答をもらいます。あなたの質問に答えてもらっているあいだ、あなたは、ほかのゼミメンバーの質問に回答していきましょう。

【課題シート11A】

設問	選択肢 1. 2. 3. 4. 5. その他（具体的に）	自由記述設問

名前	選択肢 回答	自由記述 回答

【課題シート11A】

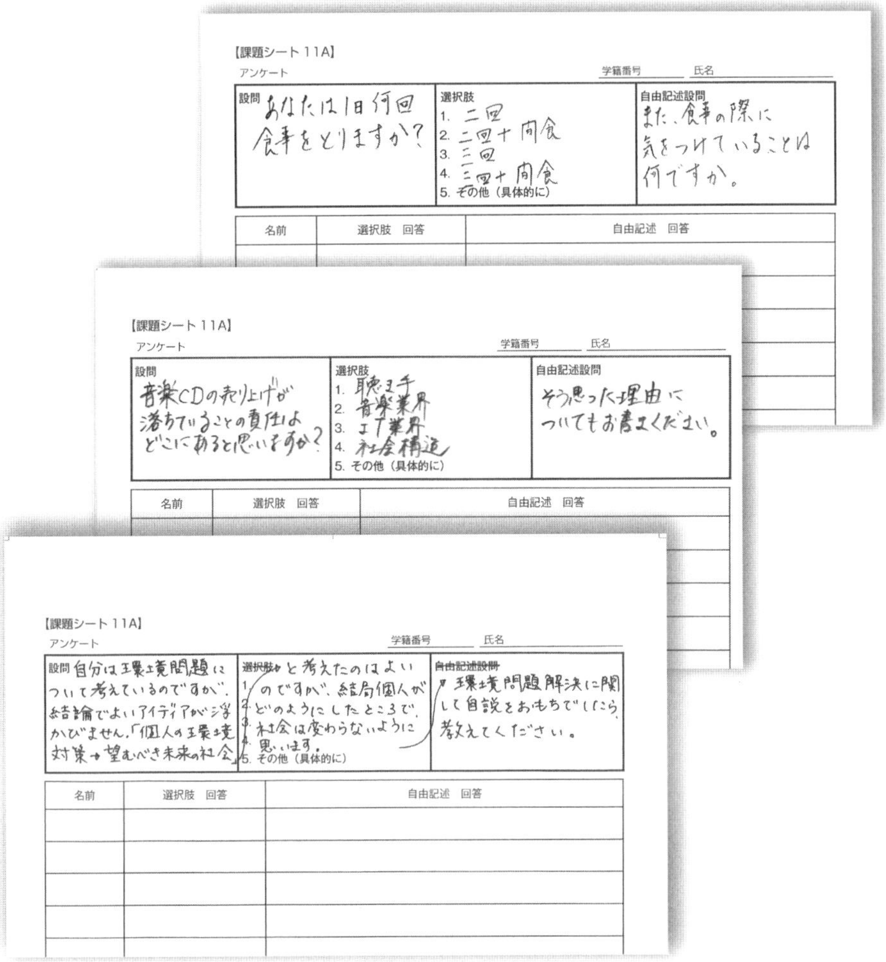

図 11-1

Practice2 >>> インタビューをしてみよう >>>

【課題シート11B】

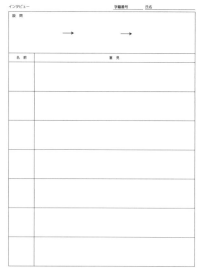

【課題シート11B】

ここまでに述べてきたことですが、レポートは、テーマを発案し、予想をたてて、自分で調べて、分析するという論考過程を経ます。調べるという過程には、書誌情報を参照したり、アンケートをしたり、実地調査をしたり、インタビューをしたりする方法があります。何が最良の方法かは、テーマによって異なりますが、たとえば「スローフード・カフェの空間性」をテーマにした場合、実際に対象地にでかけて、店主やさまざまな年代の客にインタビューをする方法が必要不可欠です。

やる気はあっても、自分は人見知りするタイプで何を聞いたらいいかもわからないし……という人もいるでしょう。ここでは、その練習も兼ねて、ゼミメンバーに相互インタビューしてみましょう。先々の本格的なインタビュー調査にも役だつと思います。あなたがこれまで執筆してきたレポートに関係する質問を組み立てて、インタビューを実施します[2]。

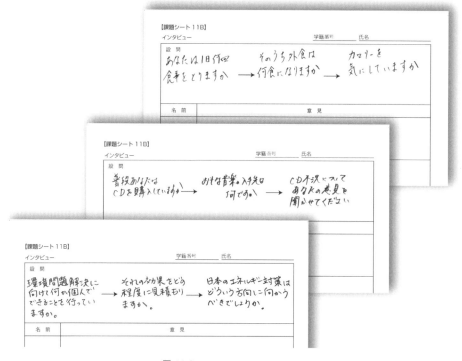

図 11-2

まず、**課題シート11B の上部に、このインタビューで聞きたいことを整理して書いてください。**図 11-2 の作例を参考にしましょう。

次に、鉛筆とシートを用意して、相手を見つけます。募集タイムを設けて、自分の問いに適合的な人に手を挙げてもらってもいいでしょう。その後、1 対 1 で対面インタビューを行います。アンケートの場合は、記入欄は相手に書いてもらいましたが、この場合は、相手が口頭で答えたことを自分でまとめながら記入します。

さらにアンケートと異なる点は、「この質問でこう答えたら次にこう聞く」という話の流れを意識する必要があることです。あらかじめ矢印などを用いてフローチャート風にまとめておくと楽です。

Practice3 ≫≫　資料集めをしてみよう ≫≫

レポートのテーマに関連する資料を集めてみましょう。これもゼミのなかでの、お互いのレポートをよりよいものにするための共同作業のひとつです[3]。

まず、各種白書や、『現代用語の基礎知識』（自由国民社）『文藝春秋オピニオン　20XX 年の論点 100』（文藝春秋社）などの年鑑や、テーマにもよりますが月刊誌や週刊誌などレポートに関連した情報の掲載された雑誌のバックナンバーを用意しましょう。また、色違いの付箋紙を教室に用意します。

次に、各々のテーマを、ゼミの代表者に伝え、代表者はテーマを板書します。似通ったテーマの場合は、統合し、（付箋紙にある）色で分けます。

あとは、**ひたすら資料のページをめくって、関係があると思ったページに、付箋紙を貼りつけていきます。**この作業を 60 分行えば、かなりの量の関連資料が見つかるはずです。

その作業のあとに、自分のレポートに関連する付箋紙のある資料をまとめて、レポート使用資料として該当のページをコピーします。コピーした用紙には、書誌情報（雑誌ならば、雑誌名、発行年月日、巻号、ページ数）をメモしておきます。書誌情報に関しては、第 8 章と第 12 章を参照してください。

Plus α ≫≫　レポートでの記述上の注意 ≫≫

アンケート、インタビュー、資料集め、このワークショップ調査編で紹介した方法のすべてに共通することは、自分の頭だけで考えていたのでは見えないものが、人の力を借りることによって見えてくるきっかけになる、ということです。ワークショップを実施しただけで満足するのではなく、その成果を自分

2　本授業回がオンラインの場合、Zoom のブレイクアウトルーム機能（別のウェブ会議ツールを使っている場合はその類似機能）を利用して、先生に 1 対 1 状態の部屋を作ってもらって、インタビューを実施しましょう。

3　本授業回がオンラインの場合、大学図書館にアクセスし、第 4 章で紹介したオンラインデータベースに基づく新聞記事検索や雑誌検索を駆使して、資料を集めましょう。

の議論のなかに取り入れていきましょう。

　ただし、どの方法にしても、本格的に行うならばルールや手順をしっかりと学ぶ必要があります。はじめに述べたように、第 9 章や第 10 章で紹介されているテキストを読むなり、関連授業を履修するなりして、調査法の基礎から応用まで習得することが望ましいといえます。

　上記を言い換えれば、今回のワークショップでのアンケートやインタビューは、「客観的な資料」として使うことはできないということでもあります。

　レポートや論文で今回の結果を使用する場合には、

　　「科学的な検証に耐えうるデータとはいえないが……」
　　「ターゲットをしぼって実施したわけではないが……」

など、説明の文章を冒頭に使い、

　　「ゼミのメンバーにアンケート／インタビューした結果、○○という傾
　　　向があることがわかった」

などの記述をするようにしましょう。

12

レポート作成5：
引用・参照の仕方

■ ■ 本章のメニュー ■ ■ ■
・適切な引用・参照をしよう
・参考文献を表記しよう

　本章では、第8章で調べた文献を、適切に引用・参照し、参考文献としてリスト化する方法について学びます。なお、最初に述べておさますが、本章での引用・参照と参考文献リストの表記ルールは、社会学の標準的なスタイルに従っています。論文で文献を扱うことに関する考え方や姿勢（Step1に書かれている事柄）については、どの学問分野でも共通していますが、表記のルールに関しては学問分野によってさまざまな種類があります[1]。本章の表記ルールと異なるルールを採用している学問分野であなたが勉強している場合、ゼミの先生に聞いて、ふさわしいスタイルを教えてもらってください。

Step1 適切な引用を

 学術的な文章でのオリジナリティとは何か

　あなたはこれまで何かについて書くときに、「自分の考えを述べなさい！」「オリジナリティを出しなさい！」と言われ続けてきたかもしれません。原則的にはそのとおりです。誰かの真似をしたものを書いても、読まれる方としては退屈なだけですから。

　ですが、「完全に自分だけで思いついた／自分だけが知るオリジナルな文章」があったとして、それもまた読まれる方としては、次のように思うでしょう。「本当にそんなことはあるのか？」「自分でそう思いこんでいるだけでは？」

　完全なオリジナルというものは幻想でしかありません。どの世界でもそうですが、先人の積み重ねの上に自分という存在はいます。たとえばあなたが大学でラクロスのサークルに入ったとしたら、以前よりもラクロスの試合の情報を積極的に知ろうとすることでしょう。あなたはラクロスによって結びつく関係性の一員になったのです。そして、ラクロスのルールを覚え、有名選手のプレーや戦術を学ぼうとするでしょう。さまざまなプレースタイルを参考にして、

1　たとえば心理学ならAPAスタイル、人文学ならMLAなどがあります。

自分のプレースタイルを追求するためです。フリープレーだと主張して、ルールを無視してボールを蹴ったりしても、誰も認めてはくれません。

それと同様に、大学でレポートなり論文を書くということは、その学部での知識体系のなかに参入し、これまでにいわれてきたさまざまな学説の網の目に加わり、学問という世界の一員になることを意味します。これは大げさにいっているのではありません。みなさんが書くことになる卒業論文は、大学に参照可能な状況で「財産として」保管され、後に続く学部生が参考にしたり、教員が論文や書物を書くときの参考資料にされたりすることもあります。

そして、学問の世界のなかに自分が位置づけられることを自覚し、先人の知識を参照し、編纂し、そこでまだ言われていないことをつけ加えたり、別の感性でまとめなおしたりすることが、「オリジナル」と呼ばれるのです。自分がいる場所について、無視したり、知らないふりをしたりすることは、単なる暴挙にすぎません。

 ## 引用・参照するということ

さて、このように先人の書いた文章を自分のレポートのなかで紹介することを引用あるいは参照と呼びます。引用とは、先人の書いた文章をそのまま自分のレポートのなかで紹介することをいいます。参照とは先人の書いた文章を自分の言葉でまとめ直して（つまり要約して）紹介することをいいます。

とはいえ、もちろん人が書いたものを写してあたかも自分が書いたもののようにみせてはいけません。これに関しては、今後も期末レポートやゼミ発表などの際に、耳にタコができるほど聞かされることでしょう。

大学に限りませんが、人のつくったものを自分がつくったもののように扱うことは、「剽窃」という犯罪[2]になります。さらにそれは、著作権法上の問題だけにとどまりません。

まずもってなぜ「パクる」ことが許されないかというと、その「パクる」行為によって、<u>大学で学ぶはずの学生の思考の発展や表現の成長などがストップしてしまうからです。</u>大学という教育機関にとって、剽窃・盗用行為を許容してしまうことは、教育を放棄することと同じことになります。したがって、著者クレジットのない Wikipedia を丸写しすることや、ChatGPT などの生成系AI が回答した文章を自分のレポートとして提出することも戒められるのです。

そして、先人のつくったものを、自分のものと偽ることは、自分の所属する学問の世界の営みを冒瀆することになります。先人は、さまざまなことを調べ上げ、知恵の限りを尽くして、先行研究を公表しています。それら書かれたものに対して、敬意を払い丁重に扱う——具体的には、引用・参照箇所を明らかにして参考文献リストに記す——ことは、そんなに難しくはないはずです。

2　剽窃とは、他人の考えや文章を、適切な引用を行わず、自分のものとして公表すること。著作権法に違反します。レポートや試験で剽窃行為が発覚すれば単位取り消しになりますし、卒業論文の場合は学位剥奪に処されます。

その引用・参照は適切か、適切でないか

引用・参照は「適切に」行われる必要があります。とにかく引用すればいいのだろうと考えて、インターネットにある長文の文章をそのまま貼りつけたり、理解をしていないのに抜き書きしたりするような例が、学生のレポートでは跡を絶ちません。以下、適切でないケースをあげて、改善方法を示します。

・**引用・参照する資料に信頼性・適切性がない場合**：作者不明のウェブサイトや出版物の文章、専門外の人が書いた文章、学術的でないエッセイなどを、無批判に理論や概念の根拠として使用するケース。

例）格差社会についての説明を匿名のブログからコピー＆ペーストする。
例）あるエッセイストの書いたマナーについての意見を鵜呑みにして、そのまま一般的見解として無批判に使用する。

⇒信頼できる資料であるか、学問的な資料として適切かどうかを検討する習慣をつける必要があります。

・**引用・参照する文章についての理解が不十分な場合**：自分が使いたい用語と同じ言葉という「だけ」で、もとの文章を理解せずに使用するケース。

例）ヴェーバーが「自発的に服従する」意味で「支配」概念を説明した引用文のあとで、「むりに従わされる」意味で「支配」の語を用いる。

⇒引用・参照する文章は、一部だけを眺めるのではなく、全体を熟読し理解した上で使用しましょう。理解できないのであれば、使用しないこと。それをした場合、改ざんや歪曲といった行為につながりかねません。

・**なんのために引用・参照したのかが不明確な場合**：引用・参照の目的が明示されておらず、必然性がはっきりしないケース。

例）「逸脱について、このように書いた文章があった……」。

⇒引用・参照された文章が、レポートのなかでどのような役にたつのかをはっきりさせ、本文のなかに明示すること。
正しい例）逸脱が「正常」な現象であるという一見奇妙な考え方について、デュルケムは次のように説明している。

・引用・参照したきりの場合：引用した文章について何も言及しないケース。

⇒引用・参照したら、かならず自分の言葉でまとめ直す習慣をつけること。

・生成系 AI が作成した文章を引用・参照した場合：

⇒生成系 AI は、基本的には、検索した結果を文章として出力するシステムです。しかし、生成系 AI が何を検索して目の前の文章を出力したのかは、私たちにはわかりません。このため生成系 AI の出力した文章をレポートで引用するのは適切ではありません。その出力結果は、基礎資料にあたったり先行研究を探したりするためのヒントとして活用してください。なお、当然ですが、生成系 AI の出力した文章を、自分が書いたものと偽ってレポートにコピペすることは厳禁です。それはあなたが書いた文章ではありません。

「引用・参照がまったくないレポート」はダメですが、「ほとんどが引用で構成されているレポート」は言語道断ですし、「適切でない引用で体裁だけ整えました」というのもよくありません。適切な引用・参照を心がけましょう。

Step2 >>> 引用・参照のルール

もうひとつ気をつけることは、引用・参照の際の「形式」です。レポートのなかで、他人の書いた文章を使用する場合は、かならずその文章の出所を、文中と、参考文献リスト（Step3 を参照）に明記しなくてはなりません。まず、文中での記号の表記法を示します。

 文中での略記号の記し方

Step1 でも示したように他人の書いた文章をそのまま紹介するのを引用と呼び、自分でまとめて紹介するのを参照といいます。いずれの場合でも出所の記し方の基本は、本文中の引用・参照した部分の終わりに、引用・参照した本の情報を、カッコでくくって略記号として表記することです[3]。

（著者の姓［半角スペース］出版年：該当ページ）

基本は上記ですが、著書や資料のパターンによって記し方は変わります。また、大学の学部や専門領域によって、表記の仕方にはバリエーションがあります。担当教員に聞いて、そのやり方に従ってください。

3　ページ数の表記は、直接文章を引用した場合はかならずつけます。複数ページにまたがって引用した場合は半角ダッシュでつなぎます。たとえば 56-7 のように（後ろの同桁数字は省略）。参照をした場合も、該当ページを記します。その本の全体を参考にしている場合は、ページ数を記さなくても構いません。

| 単著（邦文献）の場合 | → | （橋本 2009：125） |

| 単著（訳書）の場合 | → | （Giddens 1984=2015：16） |

＊著者の姓を記し、原著発行年と訳書発行年を半角イコール記号でつなぎます。
＊原著発行年は、たいていの本の場合、1 ページ目の裏（本扉裏）に書いてあります。

| 同一著者の同出版年の文献を引
用する場合 | → | （山田 1979a：120）
（山田 1979b：56-7） |

＊参考文献リストにも、小文字のアルファベットをつけて区別します。

| 共著の場合 | → | （山田・田中 1996）
（Kusek & Leonhard 2005=2005） |

| 共著者が 3 名以上の場合 | → | （山田ほか 2013）
（Jackson et al. 2018） |

| 編書の場合 | → | （栗原編 1996）
（Hall ed. 1979） |

| 編者が 2 人の場合 | → | （宮島・梶田編 1991）
（Jackson & Michael eds. 2005） |

| 編者が 3 人以上の場合 | → | （船橋ほか編 2021） |

＊共著や編書の引用・参照を上のように表記するのは、誰がどの章を書いたのかわか
らない場合や、文献の全体を参考にした場合のみです。たいていの学術的な編書では、
章ごとに著者の名前が書かれています。たとえば大澤真幸が編者をつとめた編書のな
かの、浅野智彦の書いた論文を引用する場合は、以下のように表記します。

| 編書の一論文を引用する場合 | → | （浅野 1996：24） |

＊単著の場合と同じですが、参考文献リストの表記は異なります。Step3 🎲 の「単著
の書誌情報」と「編書の論文の書誌情報」とを見比べてみましょう。

| 一般雑誌の場合 | → | （『週刊ダイヤモンド』2010.3.13 号：60） |

| 新聞記事の場合 | → | （『朝日新聞』2023.6.10 朝刊） |

＊必要と思われる場合、第○版、○○県版、○面などの詳細な情報も記載します。
＊新聞・一般雑誌の署名記事の場合は、（野口 2010：134）など、通例の引用と同様
に扱います。

| インターネット上の記事の場合 | → | （人権擁護局 2008：第 1 段落） |

＊インターネット上の記事の記載年が明確な場合はその年を、不明確な場合は閲覧
した年を記します。また、ページの代わりに引用段落を記します。

引用が 2 ヵ所以上で連続している場合は、（同上：196）や（ibid：28）と表
記するパターンもありますが、すでに十分な略記号を示しているため、基本的
には使用しません[4]。

　文中での引用・参照の書き方

🎲 の略記号にもとづいて文献リストをみると、どの本を参考にしたかがわ
かる仕組みになるわけです。では実際に引用文・参照文はどう示すのか、いく
つかの事例とともに見ていきましょう。

[4]　1 冊の著書の分
析をメインにした論
文（理論研究など）の
場合、同著作からの引
用が頻出しますが、そ
の場合はその著作に記
号をあてて、その旨を
文中で説明するように
してください。たとえ
ば、吉本隆明『共同幻
想論』の再読を目的に
した論文の場合、『共
同幻想論』の頭文字を
取って「KG」などと
し、実際の引用では、
（KG：122）などで表
記します。

5 本ページと次ページでの事例ではわかりやすくするために引用や参照の箇所を網かけにしていますが、もちろんレポートを書く際に網かけをする必要はありません。

例）普通の引用の仕方 [5]

> 　非正規雇用の広がりを自覚しなくてはならないだろう。現代社会において、「非正規労働が男性にも拡大することによって独身ワーキングプアの裾野は広がり、さらに未婚化が進行することによって、女性を含めたその規模が拡大したのである」（橋本 2009：196）。以下では格差社会の現実に対してどのような対策が求められて、また実施されているのかに……

> 　人権擁護局のホームページでは、人権擁護委員について「民間の人たちが，地域の中で人権思想を広め，人権侵害が起きないように見守り，人権を擁護していくことが望ましいという考えから設けられた」（人権擁護局 2008：第1段落）制度であると紹介されている。もちろん、こうした制度が、実際にどのように機能しているのかについては、詳細な検討……

＊引用した部分を「」（カギカッコ）でくくり、直後に出所情報の略記号を表記します。「」（カギカッコ）内の文末に句点（。）はつけないでください。

例）少し長めの引用の仕方

> 　しかし、人権を実現する実践は、人権という発想を表した言葉が示しているとおりの内容を、はじめから裏切っていたといえるのである。
>
> 　　人権は、近代の人権宣言のなかで語られたコトバや思想のうえでは、普遍的なものとして示されていた。つまり、オモテ向きの説明としては、"みんなの人権"といえた。しかし、ウラの実態としては、少なくとも、つぎのような三つのぎまんというかウラ切りをともなうものであった。それは、"みんなの人権"といっても、しょせん"富者の人権"であり、"白人の人権"であり、"男性の人権"にほかならなかった、ということである。（内野 1992：24）
>
> 　このように、アメリカ独立宣言やフランス人権宣言が想定していた人権を持つ人間とは、「金持ち」「白人」「男性」でしかなく、けっしてすべての人間というわけではなかったことは……

＊引用した文章の、上下を1行あけ、行頭を2文字分下げます。
＊この場合は、出所情報の略語記号の前に句点（。）をつけます。

例）資料に目を通していることを示す参照の仕方

上記のほか、山田（1979a）も同様の概念を提示している。
この点については多くの論者が言及している（辻 1999; 松田 2000; 岩田 2005 など）。

例）参照の仕方

人権という発想の、もっとも中心にある考え方とはどのようなものであるだろうか。憲法学者の樋口陽一によれば、それは、権力に対する抑止的な機能であるという。近代法は、こうした権力の恣意的な行使への歯止めとしての人権概念を、その前提として持っているのである（樋口 1996：7）。しかし、こうした前提は、必ずしも、充分に法律の中に表現されているとはかぎらない。

＊参照のため要約した文章が誰のどの本の何ページにあるか明記します。

＊地の文と参照文をごちゃ混ぜにしないように留意します。

例）数値データの引用・参照（もとのデータが図表で示されていて、本文中に組み込む場合）の仕方

音楽化とはまず環境面の変容を指すのであり、技術革新やメディア環境の変化を基盤とする。このことは調査データからも裏付けされる。NHK調査（NHK 放送文化研究所 2003：付 16）によると、高校生の CD プレーヤーの所持率は、87 年には 17.8％だったのが、92 年には 71.5％となり急速に普及している。同 02 年調査では 92 年と横ばいの 72.4％だから、まさにこの時期に「音楽化」が一気に進展したことをうかがわせる。

＊自分で図表の数値から見てとれることを要約して示します。図表をそのまま掲載する場合は次のルールにしたがいます。

例）図表の引用の仕方

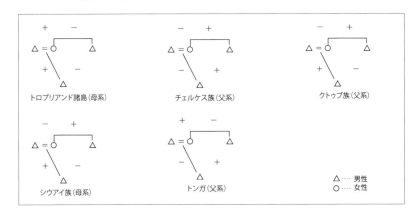

トロブリアンド諸島(母系)

チェルケス族(父系)

クトゥブ族(父系)

シウアイ族(母系)

トンガ(父系)

△……男性
○……女性

図 1　親族構造（Lévi-Strauss 1958=1972：51）

＊図にタイトルをつけて、右横に略記号を示します。

Step3 >>> 参考文献リスト

1 参考文献の表記の仕方

例）単著の書誌情報

橋本健二，　2009，『「格差」の戦後史──階級社会 日本の履歴書』河出書房新社．
（著者名）　（発行年）　　　　　　（書名）　　　　　　　（出版社名）

* ＊書名は二重括弧『』で括り、副題は──（2倍ダッシュ）でつなぎます。
* ＊著者が複数の場合は、ナカグロ「・」でつなぎます。
* ＊句読点は、全角の「,」「.」を用いて、発行年は半角数字を使います。

例）訳書の書誌情報

Giddens, Anthony, 1984＝2015，門田健一訳『社会の構成』勁草書房．
　（著者名）　　　（原著発行年　（訳者名）　　（書名）　　（出版社名）
　　　　　　　　　＝訳書発行年）

* ＊姓 , 名 , の順番で名前を記します。著者が 2 人の場合は & で、3 人以上の場合はカンマでつなぎ、最後の著者名だけ & でつなぎます。
* ＊原著発行年は、訳書の本扉裏に記載されていることがほとんどです。

例）編書の論文の書誌情報

浅野智彦，1996，「私という病」大澤真幸編『社会学のすすめ』筑摩書房，16-36.
（著者名）（発行年）　（論文名）　（編者名）　　（書名）　　（出版社名）（ページ）

* ＊編書の一冊全体を参考にした場合は、［大澤真幸編，1996，『社会学のすすめ』筑摩書房.］と記載しますが、編書の一論文を引用・参照することも多いでしょう[6]。その場合は、上記のように一重括弧で論文名、二重括弧で書名を記し、そのページ[7]を忘れずに書いてください。

例）学術雑誌論文の書誌情報

（著者名）（発行年）　　　　　　　　　（論文タイトル）　　　　　　　　　（雑誌名）
遠藤由美, 1995，「精神的健康の指標としての自己をめぐる議論」『社会心理学
　　　　研究』11（2）：134-44.
　　　　　　（巻号）　　（ページ）

* ＊巻号の表記は、雑誌が「第 60 巻第 3 号」などの場合は 60（3）と表記します。
* ＊ CiNii など Web 上の学術論文データベースからアクセスした論文（PDF の形式をとることが多い）も、雑誌名や巻号など書誌情報はたいてい記載されています（p.80 図 8-2 も参照）が、自分がアクセスしたことを示すため、末尾に ［(取得年月日，URL).］を記載します[8]。

6　レポートや卒業論文で、「論文著者名」で引用し参考文献とすべきところを、「編者名」ですませている例が後を絶ちません。引用・参照のルールと同様、注意して取り組みましょう。

7　参考文献リストに載せるページとは、自分が引用、参照した箇所ではなく、その掲載書物における当該論文の最初と最後のページ番号のことです。

8　卒業論文や修士論文、政府刊行物などをオンラインデータベースで取得したときや、電子ジャーナルなどを閲覧したときも、紙ベースの情報が確認できない場合には、末尾に（取得年月日，URL）.を記載します。
　加えて DOI と呼ばれる識別子が要求されることもあります。

例）卒業論文の書誌情報

　　（著者名）　（発行年）　　　　　　　　　（卒業論文タイトル）
白雉さくら，2023，「格差社会における自己物語の形成──階層によって異なる
　　　　戦略」江古田大学社会学部 2022 年度学士論文．
　　　　　　　　　　　　　　　　　　（提出機関など）

　＊一重括弧であることに注意しましょう。

例）政府刊行物などの書誌情報

　内閣府国民生活局，　2009，『平成 20 年版国民生活白書』．
　　（編集機関名）　　（発行年）　　　　　（タイトル）

　＊発行元が「国立印刷局」であるときは、発行元の記載を省略できます。

例）一般雑誌で署名記事の書誌情報

根津武，2010，「自分らしさって何？」『週刊新春』，2010 年 3 月 3 日号，34-5.
（著者名）（発行年）　　（記事タイトル）　　（雑誌名）　　　（発行年月日）　　　（ページ）

　＊一般雑誌の無署名記事の場合は「『雑誌名』，発行年月日．」のみ記載。

例）新聞記事で署名記事の書誌情報

南山圭介，2024，「シューカツの今」『毎朝新聞』2024 年 7 月 1 日，朝刊，6 面．
（著者名）　（発行年）　（記事タイトル）　　（新聞名）　　　（発行年月日）　（朝刊／夕刊）(面)

　＊新聞記事で無署名記事の場合は、レポートや論文の本文中に引用表記
　　［例：（『毎朝新聞』2024.7.1 朝刊）］を正しく記載できていれば、参考文献リス
　　トにあげる必要はありません。

例）インターネット上の記事の場合

　（筆者）　（最終更新年）　　　　　（タイトル）　　　　　（ウェブサイト名：ない場合は省略可）
人権擁護局，2008，「人権擁護委員をご存じですか？」法務省ホームページ
（2024 年 9 月 4 日取得, https://www.moj.go.jp/JINKEN/index_yougoiin-a.html）．
　　（取得年月日）　　　　　　　　　　（URL）[9]

　＊最終更新年には、最終更新日が判明している場合はその年を、不明の場合
　　は自分がアクセスした年を記載します。丸括弧後ろの取得年月日は自分が
　　アクセスした日付となります。

例）ブログ記事の場合

（筆者）（最終更新年）　　（タイトル）　　　　（ブログ名：ない場合は省略可）（記事作成日）
きじばと，2010，「働くことと稼ぐこと」雉鳩のさえずり日誌，2010 年 1 月 5
　　日，（2024 年 9 月 22 日取得, http://kijibato.hatena.com/2010/01/05/01）．
　　　　　　（取得年月日）　　　　　　　　　　（URL）[10]

9　Word を使用して
URL にハイパーリン
クが自動生成された
ら、印刷する際には不
適切なので、オプショ
ンでハイパーリンクを
生成しない設定にしま
しょう。

10　自分で検索した
リンク先で、検索文字
の日本語が記号に変換
された長い URL が表
示されることがありま
す。みっともないので
簡潔な URL 表記にな
るよう工夫しましょ
う。

参考文献リストの表記の仕方

　個別の表記の仕方は Step3 の ⬜ で習いました。それらを巻末のリストとして整えて並べる必要があります。以下の例を参照して下さい。

【参考文献】

浅野智彦，1996，「私という病」大澤真幸編『社会学のすすめ』筑摩書房，16-36.

遠藤由美，1995，「精神的健康の指標としての自己をめぐる議論」『社会心理学研究』11（2）：134-44.

Giddens, Anthony, 1984=2015，門田健一訳『社会の構成』勁草書房.

橋本健二，2009，『「格差」の戦後史――階級社会 日本の履歴書』河出書房新社.

――――，2018，『新・日本の階級社会』講談社.

人権擁護局，2008，「人権擁護委員をご存じですか？」法務省ホームページ（2024年9月4日取得，https://www.moj.go.jp/JINKEN/index_yougoiin-a.html）.

きじばと，2010，「働くことと稼ぐこと」雉鳩のさえずり日誌，2010年1月5日，（2024年9月22日取得，http://kijibato.hatena.com/2010/01/05/01）.

南山圭介，2024，「シューカツの今」『毎朝新聞』2024年7月1日，朝刊，6面.

内閣府国民生活局，2009，『平成20年版国民生活白書』.

白雉さくら，2023，「格差社会における自己物語の形成――階層によって異なる戦略」江古田大学社会学部2022年度学士論文.

『週刊新春』，2010年3月3日号.

＊著者の姓のアルファベット順でならべます。例に挙げたリスト表の場合、a、e、g、h、j、k、m、n、s の順で並んでいるのがわかりますね。

＊同一著者の文献が並ぶ場合は2つめ以降、――――（4倍ダッシュ）を用います。

＊一般雑誌などは最後にまとめます。

＊2行以上にわたる場合は、該当の行を選択後、Word の［ホーム］→［段落］→［インデントと行間隔］タブ→［インデント］→［最初の行］で「ぶら下げ」を選択し、［幅］を「2字」に設定します。長い URL の記入で不格好になる場合、［ホーム］→［段落］→［体裁］タブ→［改行時の処理］で「英単語の途中で改行する」のチェックマークをオフにします。

＊無署名の新聞記事の場合、本文中に出所情報を記せば参考文献リストには記載しなくてよいですが、署名記事の場合は参考文献リストに掲載するのが望ましいです。

Step2 引用・参照のルールと、Step3 参考文献リストは、日本社会学会発行の『社会学評論スタイルガイド』[11] にもとづいています（ただし、訳書の場合は簡略表記にしています）。洋書を引用する必要性が生じたときや、ここで書いていない例に出くわしたときは、日本社会学会のウェブページにガイドが載っているので、参照して下さい[12]。

11 日本社会学会編集委員会編, 2018, 『社会学評論スタイルガイド第3版』.

12 https://jss-sociology.org/bulletin/guide/

【QR12-1】

Step4 >>> 適切な引用と参考文献リスト作成の実践 >>>

本章を読んで、ずいぶんとややこしいなあ、面倒くさいなあと思った方も多いかもしれませんが、最初に述べたように、これは覚えるべき「型」です。型を身につけてしまえば、それほど窮屈とは感じなくなり、レポートの仕上がりも美しくなりますので、早いうちに慣れてしまいましょう。

では、実際に、適切な引用と参考文献のリストをつくってみることにします。課題シート12A を用意して、先生が指定した本の文章の箇所をもとに、何種類かの引用文と参照文を作成してみてください。また、先生に何冊かの本を用意してもらい、参考文献リストをつくってみてください。

【課題シート12A】

学籍番号	氏名

指定箇所を引用した文章 (1)

指定箇所を引用した文章 (2)

指定箇所を参照した文章

さまざまな参考文献タイプのリスト

【課題シート12A】

13

レポート課題提出と
反省点の振り返り

■■ **本章のメニュー** ■■■

・書式を整えましょう

・推敲を行いましょう

・最終的なチェック事項を確認しましょう

　さて参考文献リストもできて、いよいよレポートも完成に近づきましたね。しかしまだやることがあります。それが、書式を整えて、推敲を行い、最終的なチェックをすることです。

Step1 ≫≫ 書式の統一

　大学でのレポート課題は、自分が通う大学の学部によって、もしくはそれぞれの授業によって、あらかじめ書式が決まっている場合があります。その場合は指示に従えばよいのですが、「自由」とされる場合もあります。そのときはどのような形式でも構わないわけですが、できるだけ見栄えのよい書式に近づけるべきでしょう。ここでは Windows 版の Word を例にして標準的なフォーマットについてレクチャーします。

　　＊ Word の［レイアウト］→［ページ設定］で文字数と行数、余白、用紙などを指定できます。

　　＊ A4 用紙の場合、余白ではデフォルトは上 35mm、下と左右は 30mm になっていますが、これはそのままでよいでしょう。

　　＊文字サイズは Word でデフォルトのサイズでかまいません。文字数と行数は、異論もあるところですが、40 字 ×32〜40 行程度が印刷したときに綺麗に見えます。

　　＊本文のフォントは、明朝体の標準字体にしてください。たまにすべてゴシック体にする人がいますが、プリントアウトした際に太字で印刷されたりしますので、読みにくくなります。

　　＊ゴシック体は、タイトルと見出し文字に使いましょう。

　　＊タイトルをやや大きめの文字サイズにして 1 行目に記入。学籍番号と名

前を右揃えで2行目に記入。本文は、章番号と章タイトルを入れて1行改行して書き始めます（表紙のない場合）。

＊次に［挿入］→［ページ番号］を挿入しましょう。シンプルにページの下部、中央に。Word365の場合、少し高い位置がデフォルトでは設定されているので、［挿入］→［フッター］の編集で用紙の端からの距離を10mm程度に調整します。

＊表紙をつける場合は、［先頭ページのみ別指定］にすれば、表紙を飛ばしてページ番号を打てます。開始番号がおかしな場合は、［ページ番号の書式設定］で番号を調整できます。

　ここまでは見映えに関する設定です。次頁からのレポート例を見て確認しましょう。次に、Wordで文章を書く際の設定を述べます。まず、本文のインデント（字下げ）の調整をしておきましょう。Wordでは少々おせっかいなことに、前の行でのインデントを引き継いだり、行頭字下げを強制的に行ったりする仕様がデフォルトになっています。参考文献を引用するときにその部分をインデントしただけなのに、それ以降の行もずっとインデントされたままになったり、箇条書き部分なのに行頭文字が勝手に字下げされたりするのは、デフォルトの設定がそのようになっているからです。

＊書き始める前の白紙のページに、何行か改行して（enterキーを何回か押して）、その後カーソルを書きたい行に戻してから書くくせをつけておけば、ある数行をインデントしても、その下の行は影響を受けません。

＊行頭字下げの強制は、［ファイル］→［オプション］→［文章校正］→［オートコレクトのオプション］→［入力オートフォーマット］タブ→［行の始まりのスペースを字下げに変更する］と［Tab/Space/BackSpaceキーでインデントとタブの設定を変更する］のチェックを外せば解除されます（Word365）。

＊また、［入力オートフォーマット］では、［インターネットとネットワークのアドレスをハイパーリンクに変更する］のチェックも外しておきましょう。ハイパーリンクとは、Wordの画面上からでもURLをワンクリックすればブラウザーが起動してリンク先を表示する機能ですが、紙にプリントアウトすることを考えればレポートでは意味がありません。

　これらの設定は、レポート執筆前に設定しておくのがよいのですが、書き慣れたかたちで書いておいて、後で修正してもかまいません。本文を校正する場合、たとえばフォントの字体やインデント箇所などは、1行もしくは数行ごとに毎回設定しなおすのではなく、一度修正した場所にカーソルを合わせて、

労働を通じた「自己実現」志向による自発的服従
——イデオロギー装置としての「自己分析」

M20240111　白雉あゆむ

1. はじめに

　私が高校生だったとき、担任の先生に何度も言われたことは、「本当の自分と向き合って本当にやりたいことを探しなさい」というメッセージだった。先生が学生だったころは就職に苦労したらしいので、ある種の親心からの激励と思うのだが、いざ自分が大学に入学し、キャリア関連の講義を受講したりしていると、あのときの先生の言葉に疑問を感じるようになった。就職活動で「自己分析」が重要であることはわかるが、それがすべてではない。では、先生はなぜあれほどまでに熱を込めて語ったのか、そのことを知りたくなった。

　確かに、「自分のことを知る」ことは、志望する業界・業種や企業を絞り込んだり、面接試験において自分について話すための「ネタ」を増やしたりするなど、就職活動を円滑にする「テクニック」を身につけるのに役立つだろうと考えられる。しかし、実際に「自己分析」に関する文献にあたってみると、「25の質問に答えるだけで『本当の自分』が見えてきます」（田口 2008：2）などの、「本当の自分を見つける」「自分の内面を探求する」「あるべき自分を描く」といったような、いわば「自分探し」とでもいうべき作業の重要性が強調されていて、とくに2000年代後半に集中しているのである[1]。

　単に就職活動における「テクニック」を身につけるために自己分析を行うのなら、先に挙げたような「本当の自分」や「本当にやりたいこと」、「未来の自分」に固執する必要はないだろう。であるならば、先に挙げた「本当の自分」を探求することなど、いわゆる「自分探し」と呼べる作業が、なぜ特定の時代において求められたのだろうか。

　本稿は、自己分析において「内面を掘り下げ」て、「本当の自分」や「本当にやりたいこと」を探したり、「〈あるべき自分〉を描くべき」だというような、「〈自分探し〉としての自己分析」とでも言えるものが、なぜ2000年代後半に求められたのかという問いについて、その社会的背景や、社会的に果たしている機能について考察することを主眼とする。また、実際に就活学生にインタビューを実施したので、現代との比較の視点を交えて議論を展開していきたい。

2. 「〈自分探し〉としての自己分析」とはどのような営みか〜「我究」を例に〜

2-1. 「我究」から読みとれるもの

　この章では、「自己分析」について考察するにあたって、そもそも「自己分析」とはどのような営みであるとされているのかを、「自己分析」をテーマとした文献から確認していく。

　ここで主に参照する文献は、杉村太郎の『絶対内定 2006』である。発行元である、ダイヤモンド社のホームページ内の書籍紹介によれば、『絶対内定』シリーズは、「1994 年に、

---

[1] このほかにも、「自分と本気で向き合う」（杉村 2006：3）、「いちばん大事なことは、自分がどうなりたいのか」（杉村 2006：19）、「もっと自分の本音を感じようとする」（杉村 2006：25）、「『本当にやりたいこと』を見つけなければなりません」（田口 2008：14）など、同様の事例は数多く見られる。

1

今でこそ当たり前となっている“自己分析”を就職に導入し“キャリアデザイン”という考えを浸透させた本である」（ダイヤモンド社 2010：第1段落）とされている。さらにこのシリーズでは一貫して、「我究」と呼ばれる、「自己分析で自分を知るということにとどまらない。『自分の未来＝夢』を描き、それを実現するために『自分の価値（自価）』を高めていく作業」を実行することが推奨されていることから、就職活動のテクニックに留まらない、「自分探しとしての自己分析」を考察するにあたって、この文献は適切な資料のひとつであると考えられる。

　そこで本稿では、この『絶対内定2006』において「自己分析」を指す「我究」という概念を代表例として、「自分探しとしての〈自己分析〉」について検討していくこととする。

　この本に書かれている自己分析は、先にも述べたように「我求」と呼ばれているが、その詳しい意味は、本の中では以下のように示されている。

> 過去・現在・未来の自分について、自分と向かい合い<u>自分の本音を把握する</u>。強みも弱みも価値観も<u>実感として把握する</u>。そして未来において<u>心から望んでいることを把握し、それを実現するために、何が必要なのかを把握し、実行していく</u>。（杉村 2006：226）※下線はすべて筆者による

　この記述においてまず注目すべきなのは、傍線で強調した部分にあるように、自己分析が、いわば「自分の心の深層を知る」作業であるとされている部分である。ではなぜ、「心の深層」を知らなければならないのだろうか。その理由は、点線で強調した部分に見られる。「我究」は、就職活動におけるテクニックではなく、「労働による自己実現」と結びついているのだ。それは以下に挙げる、いくつかの杉村による記述を見ても明らかである。

> 就職活動をあなどってはいけない。「自分が満足できる人生」を探し出す、絶好のチャンスなのだ。（杉村 2006：66）

> 就職に失敗しないためには、「夢の実現のためにやりたいシゴトができて、自分に合っている会社に入り、近い将来、希望通りに配属されるようにトップで内定すること」を実現できればよいのだ。そのためにすべきことが我究である。（杉村 2006：68）

　つまり、就職活動や労働は自分の「人生」を充実させるための強力な手段として捉えられているがゆえに、その準備段階である自己分析においても「自分の本音」を探ることや「心から望んでいること」を見つけることが大切だ、というロジックなのである。

2-2. 〈自分探し〉に潜むイデオロギー装置

　以上で見たように、「〈自分探し〉としての自己分析」は、「労働による自己実現」というイデオロギーと、密接に結びついている。それゆえ、「〈自分探し〉としての自己分析」とは、成員が実際にそれを行うことを通じて、いわば「呼びかけに応える」という仕方で「労働による自己実現」というイデオロギーを植え付けさせる（＝「労働を通じた自己実現」を志向させるように仕向ける）「イデオロギー装置」（藤田ほか 2000：168）として機能して

2

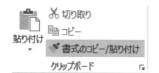

図 13-1　Word クリップボードの画面

［ホーム］メニューの、刷毛マークの［書式のコピー／貼り付け］を押下すると（図 13-1）、文字列ではなく書式をコピーしますので、書式をなおしたい箇所を選択すれば、簡単に書式が修正されます。その機能も利用してください。

Step2 》》》 推敲の重要性

　書式が整ったところで、推敲を行います。推敲がなされていないレポートは、未完成品です。品質チェックをしていない製品を市場に出せないのと同じように、自分で見返していないものを人に見せるということは慎みましょう。まず、自分の書いたものの最初の読者は自分であるのです。

・文体のチェック

「です・ます」調になっていませんか？　レポートや論文は基本的には「だ・である」調で書きましょう。

・レポートとしての文体を意識する

　レポートはメールやブログではありません。インターネットの時代に育ったみなさんの場合、もっとも多く目にする文章はメールやブログの文字列だ、という人も少なくないでしょう。しかしその文体は、モニター画面に映えるスタイルというだけで、印刷して紙に整形したときには不適切な見映えとなります。

　レポート・論文では、通常の日本語のルールにしたがって、段落はじめは 1 文字下げましょう。前段で指摘したように、オートフォーマットを利用して行のはじまりのスペースを字下げにすると、字下げを入れてくれるのですが、行頭字下げは自分でも意識して行うようにしましょう[1]。

　また、メールやブログなどに多く見られるような、1 文ごとに改行を行っている文章も、よいとはいえません。改行のない文章も読みにくいですが、改行が多すぎる文章も読みづらいのです。

誤

夏を前にすると、各地で大学3年生に向けた、就職活動に関するイベントやセミナーが開かれ始める。↵
そういった場で、これから就職活動の準備に入ろうとする学生に対して、必ずと言っていいほど訴えかけられるのが、「自己分析」の重要性である。↵
「就職活動とは、自分の事を知ることから始まります。」などという決まり文句と共に、当然のように強調されるこの「自己分析」だが、私は実際に「自己分析」をしようとした時に、ふと違和感を覚えた。↵
確かに、「自分のことを知る」ということは、志望する業界・業種や企業を絞り込むことや、面接試験において、自分について話すための「ネタ」を増やすことなど、就職活動を円滑にする「テクニック」を身につけることに役立つだろうと考えられる。↵

1　Word の［ファイル］→［オプション］の［表示］項目で、「スペース」「タブ」「改行」を常に画面に表示する設定にしておくと、自分がどういう文章をつくっているのか視覚的にわかりやすくなります。

正

> □夏を前にすると、各地で大学3年生に向けた、就職活動に関するイベントやセミナーが開かれ始める。そういった場で、これから就職活動の準備に入ろうとする学生に対して、必ずと言っていいほど訴えかけられるのが、「自己分析」の重要性である。「就職活動とは、自分の事を知ることから始まります。」などという決まり文句と共に、当然のように強調されるこの「自己分析」だが、私は実際に「自己分析」をしようとした時に、ふと違和感を覚えた。↵
> □確かに、「自分のことを知る」ということは、志望する業界・業種や企業を絞り込むことや、面接試験において、自分について話すための「ネタ」を増やすことなど、就職活動を円滑にする「テクニック」を身につけることに役立つだろうと考えられる。↵

・誤字や脱字の修正

　文章に誤字や脱字、誤変換がないかを確認しましょう。完璧に書いたつもりでも、見直すと1つや2つそれらは見つかります。Word では校正機能として、表記揺れや入力ミス、日本語としておかしなところ、スペルの誤りなどが、緑もしくは赤の波線で指摘されるので、それらも参考にしながら修正を行いましょう。

・表記の修正

　アルファベットや数字は半角を用いるようにしましょう。また、カタカナでは半角を使わないようにしましょう。

・句点の位置

　とくに文中でカギカッコ引用をした場合に間違いが多いのですが、句点の場所を正しくしましょう[2]。

（誤）「〜が、社会規範の概念である」。（森 2023：21）つまり共同体とは〜
（誤）「〜が、社会規範の概念である。」（森 2023：21）つまり共同体とは〜
（正）「〜が、社会規範の概念である」（森 2023：21）。つまり共同体とは〜
（正）「〜が、社会規範の概念である」（森 2023：21）という。つまり共同体とは〜

・論理のチェック

　さらにレポートにとって重要なことは、表面的な訂正だけではありません。レポートとは論理の集大成でなくてはなりません。

＊論理構成はしっかりしているか。
＊概念用語を正しく使えているか。

2　行をあけて長めの引用をする場合のみ、引用記号より先に句点をうちます。114 ページや 122-3 ページを参考にしてください。

＊記述に矛盾はないか。

＊読者を想定できているか。

　こういった点に気をつけて、もうひとふんばりして、完成度の高いレポートを目指しましょう。参考に、校正記号をいくつか紹介します。自分の草稿レポートを赤で染めてみるのもよい経験です。

　なお、本書はモノクロ印刷なので校正記号を灰色で示していますが、実際に校正するときは赤ペンを用いて行ってください。

・さまざまな校正記号[3]

【字の修正】修正する文字を、斜線か丸囲みで指示し、引き延ばしてから、近くの余白に記入します。

> 格
> 較差はいつの時代にもあったし、・・・
> 保障
> 年金などの社会補償給付を加えた可処分所得で算出するかなどで・・・

【指示の取り消し】修正指示を取り消す場合、もとの位置の近くに「イキ」と書き込み、いったん直した文字を斜線で取り消します。

> イキ
> 高度経済成長の終わりごろにあたる~~1970~~ 年代については、・・・

【文字の削除】不要な文字がある場合、文字の修正と同じように引き出して、余白に「トル」と記入します。

> トル
> 具体的にいうこと 40 歳くらい 以上の人々は・・・

【文字の挿入】文字を挿入する位置に線を記入して、挿入する文字を余白に書き込みます。文字でなくても、たとえば入れ忘れていた行頭字下げを挿入する場合は、□記号を用います。また、句読点の漏れを直したり、中黒やコロンの記号を挿入したいこともありますね。以下を参考にしてください。

3　より詳しい校正記号については、以下のウェブページが参考になります。「校正記号これだけ知ってると大丈夫」(http://aiwaprint.jp/hon/kouseikigou.html)

【QR13-1】

具体的にいうと 40 歳くらい以上の人々は・・・

マスという言葉は『英語語源辞典』によればフランス語の les masses に・・・

橋本は「日本は『格差の小さい平等な国だ』というある時期までの『常識』
はいまではまったく通用しないのである」と述べているが・・・

【段落改行する】改行の記号も赤線で指示します。なお、段落改行では、改行後、
後ろの文書は行頭になるので、1 字の字下げを行います。

ある時期までの「常識」は、いまではまったく通用しないのである。それでは、
以前はどうだったのか。

【改行をやめる】改行をやめて前行に戻すときは、行頭字下げのスペースは削
除します。

格差がどの程度の大きさになっているのか。
また、格差は拡大傾向にあるのかないのか。

【字を下げる／字を上げる】インデントの指示は次のように記入します。

いちばん格差が大きいのは米国、いちばん小さいのは
いちばん格差が大きいのは米国、いちばん小さいのは

【文字の入れ替え】文字を入れ替える場合、次のように記入します。文字をく
るむイメージですね。

そして、われわれが現在情報を自由に手に入れることが・・・
だから国際比較や時代間比較にはとても都合がいい。

読者を想定できているか、という問いは、なかなか難しいものがあります。提出してまず読んでもらうのは担当教員のわけですから、少々難解な概念用語や専門用語を使ったとしても問題ないと思うかもしれません。また、その先生がよくしゃべったり相談したりしている相手だった場合、内輪で通用する話を、なんの前提もなく書いてそれでよいと思ってしまうかもしれません。

　しかしそれは間違いです。レポートは、先生が下級生たちに参考として読ませるかもしれません。また、とくにアンケートやインタビューを行って書いた場合、その調査協力者たちに閲覧してもらうこともあるかもしれません。であるとすれば、やはりもっと広い読者層をイメージしておくことです。専門用語や概念用語は自分自身の勉強の証ですから、それを省略するべきではありません。しかし、その説明を丁寧に、初学者でもわかるように工夫して書く必要があるのです。

　いまさらそれを本文中に書くことは難しいかもしれません。そこで、注釈の出番となります。もう少し説明が必要だな、と感じた箇所については、注で説明しましょう。

　注には2種類あり、「脚注」と「文末脚注」があります。試してみるとすぐにわかりますが、脚注は、注を打った箇所のページの直下に、文末脚注は、文章の最後に挿入されます。どちらにするかは、先生の指示がないかぎりどちらでもかまいません。

　注釈は、「専門用語」や「概念用語」にかぎらず、「補足しておきたいこと」、「文中ではこう書いたが含意としてはもっと広い考えをもっていることを提示したい場合」などに挿入します。あまりにも注釈が多いと読みにくい原稿になってしまいますが、適度な注釈はむしろ進んで行うべきです。

　最後に紙にプリントアウトしてチェックを行い、提出される体裁を確認しましょう。

Step4 ≫ よりよいレポート・論文を仕上げるために

本書では、ゼミ活動を通じた実践的なレポートの書き方に力点を置いて解説してきましたが、レポートや論文を仕上げるためのテクニックを紹介したガイドブックは多数出版されています。

　いくつか紹介しておきますので、そちらもぜひ参考にしてください。

＊学習技術研究会，2019，『知へのステップ　第5版——大学生からのスタディ・スキルズ』くろしお出版.

　　何度も版を重ねられているナビゲートブック。テーマの選定からレポートの書き方などに加えて、エクセルのグラフ作成やプレゼンテーションの見せ方などにもページを割いていて、グラフィカルなレポートにも応用可能。

＊河野哲也，2018，『レポート・論文の書き方入門【第4版】』慶應義塾大学出版会.

　　1997年の初版発行時から20万部以上のロングセラーとなっている定番の1冊。ほどよいボリュームで必要なことが簡潔に押さえられていることが特徴。また、「テキスト批評」から論文をつくりあげる方法に1章を割いていることも、初学者への助けとなっている。

＊佐藤望編，2020，『アカデミック・スキルズ（第3版）——大学生のための知的技法入門』慶應義塾大学出版会.

　　講義の聞き方から大学施設の利用法、研究テーマの決め方、文章の書き方、プレゼンテーションのやり方などを簡潔な表現で記している。大学生とはこうあってほしいという著者たちの裏のテーマが明瞭な文体で書かれていることも特徴。

＊戸田山和久，2022，『最新版　論文の教室——レポートから卒論まで』NHK出版.

　　作文の苦手な大学生を主人公に設定し、教官の指導によって読むに耐える論文を仕上げていくというストーリー仕立ての1冊。時系列に沿った解説なので、思考と試行の過程で詰まりやすいところがよくわかる。「論文のアウトラインの作り方」にも定評がある。

＊一橋大学英語科，2015，『英語アカデミック・ライティングの基礎』研究社.

　　大学1年生を対象とした、英語でのライティングのためのガイドブック。テーマの決定やリサーチの方法、段落の設定の仕方、よく使う表現など、英語論文を書くために必要とされる基本的なスキルが図表や具体例を用いて丁寧に説明されている。

レジュメの作成

■■ **本章のメニュー** ■■■
- ・レジュメとは何か知ろう
- ・実際にレジュメをつくろう
- ・レジュメ以外に必要な資料を知ろう

大学では、発表用の資料として、「レジュメ」というものを作成する機会が数多くあります。それは、みなさんがこの先、企業や大学院などに進む際にもプレゼンテーションのときに必要となるものです。この章では、このレジュメについて、種類や具体的な作成方法などを学んでいきます。

Step1 >>> **レジュメとは何か**

 レジュメとは

レジュメとは、簡単にいうと、プレゼンテーション（発表）する内容の要約のことです。要約するべき内容なので、発表内容とともに作成していくものですし、また、発表内容が決まれば、それほど大変なものではありません。

この章では、前章までで作成したレポートをもとにした発表をするためのレジュメを作成します。内容的には、すでにできあがっているはずですね。

レジュメは、たいていの場合、プレゼンテーションを行うときにフロアに配る資料として使われます。したがって、自分だけがわかればよい、というメモではなく、あくまでもほかの人に活用してもらうことを前提として作成する必要があります。

 レジュメの形式

レジュメにおける要約の仕方は、第3章で学んだ文章としての要約とは異なるところがあります。もともとのレポート・論文の中心的な部分をかいつまんで記述するという点では共通しているのですが、発表用のレジュメは、箇条書きや視覚効果を意識して、わかりやすく見やすく提示する必要があります。

人によると、レジュメとしての完成形は、目次と骨組みだけを並べた1枚の

ペーパーだという考え方もあります。これは、話をすることにとても自信があり、大きく余白のつくられたペーパーに自分の話の要点を書き記してほしいと考える人のやり方です。みなさんが人前で話すことに熟達してきた場合、こうした目次型のレジュメを作成してもよいですが、まだ慣れていないと思われますので、要約メイン型のレジュメを作成しましょう。

レジュメの区分けにはもうひとつ、紙（もしくは PDF ファイル）で配るか、大画面のモニターで見せるかという違いがあります。最近では、パワーポイントを利用したレジュメのスタイルも増えてきました。とくに大人数の前で発表するような場合や、動きのあるシーンを説明したいときなどは、パワーポイントを利用したレジュメでないと不都合な場合もあります。

紙で配る、もしくは PDF ファイルを共有するメリットとしては、少人数で行うゼミの場合はスムーズに進行しやすいということ、場所を選ばないということ、トラブルが少ないということ、フロアの人たちが「お客さん」としてではなく、余白に書きこむ作業を通じて「協議者」になれるということがあります。紙の場合は鉛筆やボールペンで、PDF ファイルの場合は手元の端末画面にタッチペンで、書き込むことができます。

いずれにせよ、こうしたレジュメを作成することは、発表者自身が話すべき筋書きや内容を明確にできます。そのため、そうしたものをつくらずにその場で考えながら話すよりは、ずっと発表がしやすくなります。また、聞き手も目と耳の両方で理解できますし、全体のストーリーや現在の発表の進行状況などもわかり、いっそう聞きやすくなります。したがって、レジュメの作成は、プレゼンテーションとセットになった作業のひとつと考えておくとよいでしょう。

では、次にレジュメの実際の作成方法を学びます。紙（もしくは PDF ファイル）の配付資料用と、パワーポイントファイルの両方を、順に解説しましょう。

Step2 ≫≫ 紙のレジュメの作成 ≫≫

1 必要情報を入れる

レジュメを作成する際には、その内容だけでなく、さまざまな入れるべき情報があります。

授業やゼミでの発表であるならば、発表日時、授業のタイトル、発表者氏名（場合により、所属学部学科や学籍番号など）をかならず入れましょう。発表タイトルは、レポートと同じでかまいませんが、少し変えてもよいです。

労働を通じた「自己実現」志向による自発的服従──イデオロギー装置としての「自己分析」

2024.11.11　於○○ゼミ

M20240111　白雉あゆむ

1. はじめに

就活を迎えた学生の取り組むこと……「自己分析」

↓

参考書には＝「本当の自分を見つける」「自分の内面を探求する」「あるべき自分を描く」

↓

つまり、内実的には………………「自分探し」　＊00年代後半ピークに！

・「〈自分探し〉としての自己分析」が生じる社会的背景とは
・「〈自分探し〉としての自己分析」は社会的にどのような機能を果たしているのか

2. 「〈自分探し〉としての自己分析」とはどのような営みか〜「我究」を例に〜

「我究」の概念

　過去・現在・未来の自分について、自分と向かい合い自分の本音を把握する。強みも弱みも価値観も実感として把握する。そして未来において心から望んでいることを把握し、それを実現するために、何が必要なのかを把握し、実行していく。（杉村 2006：226）※下線筆者

傍線部→自己分析が、いわば「自分の心の深層を知る」作業であるとされている。
点線部→「我究」は就活テクニックではなく、「労働による自己実現」と結びついている。

「〈自分探し〉としての自己分析」とは、成員が実際にそれを行うことを通じて、いわば「呼びかけに応える」という仕方で「労働による自己実現」というイデオロギーを植え付けさせる（＝「労働を通じた自己実現」を志向させるように仕向ける）「イデオロギー装置」（藤田他 2000：168）として機能していると考えられる。

3. 「自己分析」の歴史的変遷と社会背景

香川めい（2007）「就職氷河期に『自己分析』はどう伝えられたのか」

90年代の初頭：売り手市場→反省の対象となる〈自己〉への志向性はほとんどない。
　　　↓　　　「企業から発信される情報などをいかに整理し、取捨選択するか」
95年前後まで：バブル崩壊→自分のエピソードを具体的で説得的なものに作り上げるためのもの。
　　　↓　　　過去の出来事や行動から自己を作り上げていくための「ツール」
96年より以降：「やりたいことの模索」や「なりたいものの探索」といった自己目的的なものに。
　　　　　　「一生続けるべき営みとして定義されるようになっている」
　　　　　　　→自分探し！

1

4. ハイパー・メリトクラシー社会への参加を促す装置

本田由紀（2005）『多元化する「能力」と日本社会：ハイパー・メリトクラシー化の中で』
ハイパー・メリトクラシー化
　　グローバル化の進展や、（第2次産業中心から第3次産業中心への）産業構造の転換、価値や文
　　化の多元化といった「ポスト近代社会」化に伴って、人材の選抜・配分原理が「ハイパー・メ
　　リトクラシー」と呼ばれるものに移行している（本田 2008：49‐51）。

「メリトクラシー」＝「認知的で標準的な記号操作能力」が評価の対象
　　　　↓　　　　　　　　　＊テストで測れるような能力を基準にした配分・選抜の原理
「ハイパー・メリトクラシー」＝「非認知的で非標準的な、感情操作能力」が評価の対象
　　　　　　　　　　┌　意欲
　　　　　　　　　　│　対人関係能力
　　　　　　　　　　└　創造性など……
　　　　　＊見えにくく、公正な測定が難しい能力を基準にした配分・選抜の原理

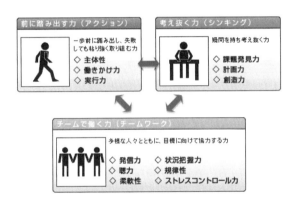

【資料1　経産省が2006年より提唱する「社会人基礎力」】

5. 「自己分析」の拘束は現在も続いているか

インタビューは、2024年9月、学内の文化系サークル3年生7人（男性4、女性3）を対象に実
施した。以下（A～E）はその抜粋である。

　　A）自己分析は、いま集中して取り組んでいる。<u>何がホントウの自分なんだろう</u>(a)という疑問
　　もあるし、こんなことやって意味あるのかと思うこともあるけど、おれ自身は前向き。「あ、
　　おれって人から見たらこんな風なんだ」、っていう発見もあるし。なんかこの作業を通じて、
　　<u>人と接するのに自信が出てきた</u>(b)っていうか。（21歳、男性）

2

数字、記号、図形などを活用する

レジュメは、発表を聞きながら参照するものなので、見やすさが重要です。

したがって、発表の流れにしたがって、適宜、節に分けた方がよいでしょう。また、各節のなかで、重要な部分を太字にしたり波線を引いたり、矢印やイコール記号などを用いたり、各節の冒頭の記号や数字を重要度や内容の種類によって変えるなどすることで、発表の流れが追いやすくなり、聞き手の理解の助けとなります。ただし、このような数字や記号を実際のプレゼンテーションの際に、そのまま読みあげたりすることのないようにしましょう。

 ## 資料や図表も入れる

実際に発表する際に用いる資料や図表なども、レジュメに入れこみましょう。このような資料や図表は、発表を聞いているときには同時に見ることができますが、あとでレジュメを振り返ってみたときに、それがないことで、理解できなくなってしまうことがあります。したがって、できるかぎり発表内容に関連する重要な資料や図表は、レジュメのなかに入れるようにしましょう。

もちろん、書誌情報も重要です。あなたの発表を支える知見はどこに由来するのか、フロアの人たちに教えてあげてください。

 ## コンパクトに示す

ときおり、発表素材の文章を数行おきにそのまま貼りつけただけのレジュメを目にします。フロアとしては、レジュメの文字列を追うだけの退屈な時間となります。あれもこれも重要だし、省略できないと考える人もいるかもしれませんが、紙に書いていない部分は口頭で説明するのだと割り切って、大胆にカットしつつ作成しましょう。

132-3 ページの図は実際のレジュメの作成例です。参考にしてください。

Step3	パワーポイントの レジュメの作成例

パワーポイントでのレジュメ作成[1]は、もともとこのソフトウェア自体が、プレゼンテーション資料作成のためのツールなので、箇条書きで数字や記号を活用したり、図形や資料をはめこんだりする操作は、とても簡単にできるようになっています。

注意すべきなのは、パワーポイントは紙芝居のように時間とともにめくっていく見せ方をする性質のものなので、このページは何分くらい見せてどの程度の内容をしゃべって……という時間配分の意識をもつ必要があることです。

 表紙の作成

まず、表紙を作成します。パワーポイントを起動すると、「タイトルを入力」「サブタイトルを入力」という指示のあるページが出てきますね。タイトル部分に自分の発表タイトルを、サブタイトル部分に、発表日時、授業のタイトル、発表者氏名（場合により、所属学部学科や学籍番号など）を入れましょう。

労働を通じた「自己実現」志向による自発的服従
——イデオロギー装置としての「自己分析」

2024.11.11　於○○ゼミ
M20240111　白雉あゆむ

 スライドの作成

次に、[新しいスライド]を選択し、本文を掲載するスライドを用意します。タイトルとコンテンツを表示する画面が出るので、タイトルには要約文にふさわしいタイトルを、コンテンツに内容を箇条書きで書き込んでいきます。表やグラフ、画像や映像を挿入することもできますので、場面に応じてふさわしい内容を記しましょう。

1　Windows 版をもとに説明しています。

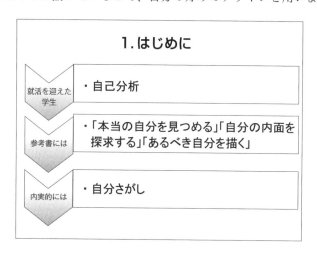

> ## 1. はじめに
>
> ・就活を迎えた学生の取り組み……「自己分析」
> 　　　　　　　　　↓
> ・参考書には＝「本当の自分を見つめる」「自分の
> 　内面を探求する」「あるべき自分を描く」
> 　　　　　　　　　↓
> ・つまり、内実的には……………「自分さがし」

　上記のような内容の場合、1文ずつ、または矢印を、アニメーションで表示することもできます。クリックするごとに次の文章を表示させるというやり方ですね[2]。

　さらに、[挿入]を選択し、[図]の[Smart Art グラフィックの選択]という機能を使うと、上記の内容をよりグラフィカルに表現することもできます。範例がたくさん揃っているので、自分の好みのデザインを用いましょう。

> ## 1. はじめに
>
> | 就活を迎えた学生 | ・自己分析 |
> | --- | --- |
> | 参考書には | ・「本当の自分を見つめる」「自分の内面を探求する」「あるべき自分を描く」 |
> | 内実的には | ・自分さがし |

 ## スライドの完成

　だいたい作成し終えたら、全ページを統一的なデザインに揃える[デザイン]を選択し、見映えのよいプレゼンテーション用レジュメにします。

　そして[スライドショー]を実行してみて、誤字や脱字のチェック、アニメーション効果のミスがないか、発表の流れの確認などを行います。準備は万全にしておきましょう。

　また、モニターに映すファイルだけでなく、当日配付資料として紙コピーを準備したい場合は、[印刷プレビュー]を選択し、A4用紙1枚にいくつのスライドを印刷するかなど、印刷対象を調整します。

2　あまり凝ったアニメーション効果（文字を回転させたり拡大縮小させたり）は見にくくなるだけですので、ほどほどに。

手元資料を用意する

　レジュメを作成すると、プレゼンテーションの準備がすべて終わってしまったような気になるかもしれません。しかし、レジュメは発表のための配布資料の一部にすぎません。これだけでは、プレゼンテーションの準備としては不十分です。

　実際の発表には使わなかったとしても、レジュメを作成する際に参照した資料や発表内容に関連する資料も手元にしっかりと置いておきましょう。たとえば、発表の際に作成した図表のもとになる各種データや、参考にした文献など、これまでの発表の準備のために用いたさまざまな資料があるはずです。それらは、プレゼンテーションの際には、かならず一緒に携帯しましょう。

　実際、プレゼンテーションに対する質問は、発表の内容の外側にあるものについて尋ねられることが多いのです。「その調査データのほかの項目との関連が知りたいのですが」「あなたが引用している文献にはこんなことも書かれていますよね」などと質問された場合、手元に資料がないとあたふたしてしまいます。想定外の質問にもそなえて、手元に資料をきちんと準備しておきましょう。

 読み原稿を用意する

　プレゼンテーションにあたっては、レジュメ以外に、自分が読みあげる原稿を用意した方がよい場合もあります。読み原稿とは、実際の発表で話すべき内容を記したものです。とくに、発表に時間制限がある場合には、その原稿をあらかじめ読んで、発表時間がどの程度かかるか、目安をたてておきましょう。とくに、発表に時間制限がある場合には、この原稿を読んだ長さがどれくらいかにより、発表内容を増減し調整する必要が出てきます[3]。

　また、読み原稿を用意したからといって、それをただ読みあげるだけではレジュメだけを用意したこととさほど変わらなくなってしまいます。実際のプレゼンテーションの際には、読み原稿はあくまでも参考程度とし、相手に語りかけるかたちで発表をすることが重要です。

　なお、詳しいプレゼンテーションの方法については、「第5章　本のレビューとレコメンド」「第15章　自説発表と議論」も参照しましょう。

3　学会発表を行う研究者は、読み原稿400字で1分しゃべるなど目安をもっています。もちろんしゃべるペースは人それぞれなので、練習の際には、自分が1分でどのくらいの分量の原稿を読めるのか、確認しておきましょう。

Column4　文献講読とレジュメ

　ゼミなどでは、特定の書物をみんなで読んでくる文献講読も盛んに行われています。大学生ともなれば、難しめの専門書を読む機会が増えるわけですね。専門書というだけで拒否感を示す人がたまにいますが、ゼミで文献講読をすることになったら、それはむしろ喜ぶべきことです。難易度の高い書物については、ひとりで読んでくるのではなく、ゼミを通じて輪読（＝数人が順番に代わりあって1冊の書物を読むこと。共同で解釈研究などをするときに行う）することになるでしょう。自分ひとりでは太刀打ちできなかった難解な書物が、ゼミを通じて理解できるようになります。また、比較的簡単な書物、たとえば新書などの場合は、ゼミメンバーが交代で1冊ずつ読んだものを発表する方法がとられることもあります。この場合、自分としては1冊読んで発表するにすぎませんが、ゼミを通じて沢山の書物の考え方のエッセンスを学ぶことができます。

　本を読むということは、ひとつの出会いを経験することです。自分の生きてきた体験や感覚とは異なる他者の体験や感覚に触れることができます。それは本質的に刺激的で、知識欲求を満足させる大切な人生のプロセスの一部なのです。

　文献講読の際にも、発表にあたった人は、担当の本もしくは章を要約したレジュメを準備することになります。文献の内容について全員で確認する資料とするわけですね。文献のレジュメに関しても、基本的な原則に関しては、本章「Step2　紙のレジュメの作成」と同様です。また、矢印を使ったり時系列を整理したりという見せ方も同様となりますので、Step2 の作例を参照してください。

　ただし、自説発表のレジュメと異なる点もいくつかありますので、以下に列記します。

＊タイトルは、書名（一部の場合は章または節の名称）にもとづいた書誌情報を書きます。

＊レジュメのなかに適時、ページ数を書きこみます。直接の引用文を示す場合は、たとえば（p.18）というように、要約した箇所については、たとえば（pp.18-21）というように入れます。とくに、自分が読んで難しかったからあとでみんなに聞いてみようと思っている箇所などには必ず入れるようにします。

＊最後に「論点」もしくは「私見」を書きます。文献講読のまとめレジュメの場合、文献の主張を正確にくみとり整理することが大事なので、基本的に自分の意見の入る余地がありません。そこで、最後に、自分がまとめながら考えた私見や、ゼミで話しあいたい論点を書くのです。これに関しては長文奨励。箇条書きではなく文章形で書きましょう。

自説発表と議論

■■■ **本章のメニュー** ■■■
・ゼミでの発表の注意点を理解しよう
・ゼミでの発表と議論の具体的な流れを理解しよう
・ゼミでの議論の注意点を理解しよう

　この章では、実際にゼミで発表し議論する際に、注意しておくべきいくつかのポイントを説明しておきます。なお、ここでは、ゼミという協働の空間を意識して自説発表について話を進めたいと思います。

Step1 >>> 自説発表のポイント >>>

　まず、ゼミで自説を発表するときに注意しておくポイントについて説明しましょう。簡単なことは、すでに第 5 章 Step3 でも説明しましたが、ここではさらに詳しく本格的に説明しておきましょう。

・レジュメや原稿を読みあげるだけにしない

　第 14 章では、自説発表のためのレジュメのつくり方を示し、場合によっては、読み原稿を用意するとよいということも紹介しました。

　しかし、レジュメや読み原稿を用意すればそれでいいというわけにはいきません。発表の本番で重要なのは、用意したレジュメや読み原稿を、けっして読みあげるだけにしてはならない、ということです。

　自分がゼミで発表を聴く側にいることを想像してみてください。発表者が、下を向いてレジュメや読み原稿を読みあげているだけの自説発表を、興味深く聴くことはできるでしょうか。おそらく「独り言」と感じて、発表の内容を聞き流してしまうでしょう。逆に、発表者が、自分の目を見て一生懸命語りかけてくれたら、つい話に引きこまれてしまうにちがいありません。

　ゼミでの発表というのは、独り言ではなく、その場にいる人に語りかけるというのが基本です。そして、聴き手の反応を見ながら、わかりにくそうなところはより詳しく説明するなど、臨機応変に対応する必要があるのです。

　レジュメはあくまで発表の際の参考に使用する資料です。そして読み原稿

は、報告を漏れなくスムーズに進めるための備忘録です。そう割り切って、発表本番では、その場にいる人に語りかける、ということを心がけてください。

・丁寧すぎるくらい丁寧に

さて、しばしば自説発表の現場で見られる光景に、発表者がとうとうと自説を語り、聴き手がそれをただぽかんと口を開けて眺めているというのがあります。これは、発表者が説明をはしょりすぎて、不親切な発表になっている場合です。

発表者は、長い時間をかけて準備をしているので、自分の言いたいことを自分でよくわかっています。だから発表者は、しばしばゼミで発表を聴くメンバーが、自分の説明をはじめて聴く、ということを忘れてしまいます。自分がよくわかっていることは、他人もよくわかっているはずだ、と思いこんでしまうのです。

そうすると、たとえば、聴き手に馴染みのない事柄を十分に説明せずに紹介したり、専門用語を説明なしで使ったり、自分の主張の根拠や理由を説明し忘れたり、といったことが起こりがちなのです。

自説の発表では、自分以外の誰も知らないはずのことを話すことになります。だから、順を追って丁寧に、むしろ丁寧すぎるくらいに丁寧に説明することを心がけましょう。

・オリジナリティを強調しよう

丁寧な説明には、多くの資料が欠かせません。たとえば「コミケ」について自分の考えを発表するためには、実際の「コミケ」の様子が記録された画像や映像を示したり、出展ブース数や入場者数などの統計資料を見せたり、雑誌に書かれた来場レポートを紹介したりして「コミケ」の説明をする必要があるでしょう。さらに、「コミケ」について論じた研究者の見解を紹介して、自分の主張を補強することも必要かもしれません。

このとき、まず重要なのが、こうした資料の出所を明確にするということです。つまり、その資料は自分が作成したものなのか、それとも他人がつくったものなのか、をはっきりさせるということです。けっして、他人がつくった資料を、自分がつくったもののように紹介してはいけません。これは他人の資料や見解を盗用する、「剽窃」と呼ばれる犯罪行為ですから。

そして、逆に自説発表では、他人の資料や見解に対する、自分のオリジナリティを強調することが大事です。自分で統計や映像をとったのであれば、そうした調査にオリジナリティがあるのだ、と主張することができ、それを評価してもらうことができるでしょう。また、他人の見解に比べて、自分の見解のどこがどう違っていて、なぜその違いが重要なのか、をきちんと示すことができ

れば、その見解のオリジナリティが高く評価されることになります。

このように、自説の発表では、どこからどこまでを他人から借りていて、どこからが自分のオリジナルなのかをはっきりさせ、自分のオリジナリティを強調することを心がけてください。

・共感ではなく納得を目指そう

そもそも、自説発表の目的はなんだと思いますか？　もちろん、それは自説を聴き手に「わかってもらう」ことです。ただ、この「わかってもらう」には、注意が必要です。それは、自分の好き嫌いを聴き手に「共感」してもらうことではなく、自説を「納得」してもらうことなのです。

たとえば、コミケについての発表で、コミケがどんなに楽しくて自分はどれほどコミケが好きなのかを熱く語れば、もしかしたら聴き手に「コミケっておもしろいんだ、行ってみたいな」と思ってもらうことができるかもしれません。これは、自分の好きな気持ちを、聴き手に共感してもらうことです。もしあなたがコミケの宣伝担当者だったら、こうした共感を目指す発表が大事でしょうし、共感してもらえない発表は不成功だということになるでしょう。

しかし、大学での自説発表は、宣伝広報ではありません。自説発表で重要なのは「分析」です。重要なのは、なぜコミケを楽しいと思う人がいるのか、コミケの楽しさはどんな仕組みが支えているのか、社会のなかでコミケが果たしている役割は何か、そういった分析にもとづいたコミケについての自説を聴き手に納得してもらうことなのです。

ですから、もし聴き手が「自分はあいかわらずコミケが楽しいとは思わないけれど、この発表のおかげでコミケの仕組みがよくわかったので、コミケにあれだけの人が集まる理由が納得できた」と言ってくれれば、その発表は大成功なのです。逆に、どんなに共感してもらっても、こうしたことを納得してもらえなければ、その自説発表は不成功なのです。

もちろん、だからといって、自分の気持ちを熱く語ってはいけない、というわけではありません。熱い思いは、相手に真剣に話を聞いてもらう効果をもち、納得に結びつきやすくなることもありますから。

・リハーサルは必須

明日はゼミで、自分の自説発表の日です。レジュメはつくり終わったし、読み原稿もできている。必要な資料は鞄に入れたし、あとは明日の発表を待つだけ……。

いえ、大事なことを忘れています。リハーサルがまだ終わっていません。

自説発表にかぎらず、ゼミでの発表の前には、かならずリハーサルをしておきましょう。できあがったレジュメをつかって（読み原稿がある場合にはそれをも

とに）実際に声を出して、ひとりで発表の練習をしてみるのです。

　そうするとさまざまなことがわかります。まず、きっとたいていの場合、発表が制限時間を超えてしまっているのがわかります。準備している最中は、逆に時間がもたないのではないかと心配で、あれもこれもと盛りこみがちなのです。もちろん、制限時間内におさまるように修正しましょう。

　さらに、自分で声を出してリハーサルをしてみると、いわば自分が聴き手にもなるために、自分の発表のアラを発見することもできます。データの解釈が間違っていたところ、事例の説明が不十分なところ、論理展開があいまいなところなど、準備の最中にはあまりに没入していて気づかなかった点に気づくことができるのです。必要に応じて、発表までに修正可能なところはなおしましょう。また修正できない場合でも、自分の弱点について知っていれば、いざ本番で質問されたときにも、落ち着いて対応できるでしょう。

　このように、リハーサルは発表をよりスムーズに行い、完成度を高めるために不可欠なプロセスです。ぜひ、リハーサルを行うことを心がけましょう。ただ、ということは、当日ゼミの時間ぎりぎりまでレジュメをつくっていてはいけない、ということでもあります。発表の準備はお早めに。

Step2 >>> 発表と議論の流れ

　ここでは、ゼミの場で、発表を行い、それにもとづいて議論を行う段取りを、簡単に説明しておきましょう。

ゼミでの役割分担

　ゼミでの発表と議論をうまく進めるために、表15-1のような特別な役割を参加者で分担をすることがあります。もちろん、いつでも、こうした役割すべてが必要なわけではありません。必要に応じて工夫してみてください。

表15-1 ゼミでの発表と議論を行う際の役割分担

名称	内容
発表者	発表を準備し、レジュメをつくり、当日、発表する。
司会	発表と議論の議事進行を行う。当日のゼミ全体の仕切り役。
コメンテータ	発表に対して、最初にまとまったコメントを行い、議論の方向性を設定する。
記録係	議論のなかで交わされたやりとりを議事録に記録する。

　発表者については、もう繰り返して説明する必要はないでしょう。

　司会とは、当日のゼミの議事進行役です。発表者の紹介から始まって、議論

の仕切りまで、当日のゼミの運営をリードする役割です。なかでも、いちばん大事で難しいのは、議論の仕切りでしょう。話がそれたら引き戻し、逆に話が展開したらそれをおしすすめ、要所要所で議題を確認し、それに沿って話し手にふる。上手に司会ができるようになるには、場数を踏む必要があります。最初からうまくできると思わずにチャレンジしていきましょう。

コメンテータとは、発表のあとで、最初にその発表に対してコメントする役割です。このとき重要なのは、そのコメントで、ゼミでの議論の論点になりそうなところを指摘するということです。発表のなかで重要な点、異なった意見が出てきそうな点などを指摘し、議論の核になりそうな話題の見通しをつける役割をコメンテータは担います。こうした役割は参加者全員で担うということであれば、必ずしもコメンテータを設定する必要はありません。

記録係は、議論の議事録をとる場合に必要な役割です。ゼミでの議論を、半期や1年を通じて継続的に行っていく場合には、そのつどの議論の内容を議事録につけておくと、後々興味深いでしょう。また、学期末に、ゼミの活動報告書をつくる場合などにも役にたつはずです。

最後に、これ以外の参加者についてです。当然、上のような役割を担当しなかったからといって、ゼミに参加しないわけではありません。むしろより自由に発言できる、役割を担当していない参加者こそが、ゼミの本当の主役だとさえいえるでしょう。役割を担当していないからといって、気を抜かないようにしましょう。

 ## 発表と議論の流れ

続いて、発表と議論の流れを簡単に紹介しておきましょう。これも「正解」があるわけではないので、必要に応じて工夫してください。

ゼミでの発表と議論は、まず司会が発表者を紹介するところから始まります。

このあと、発表者がレジュメを配布します。全員にレジュメが配布されたら司会はレジュメに落丁がないかどうかページ数の確認をするのがよいでしょう。

続いて司会の合図で発表者は発表を始めます。90〜120分授業であれば、だいたい15分前後が発表の目安となるでしょう。

発表が終わったら、司会者は、参加者全員に、発表で使われた語句の意味や資料の出所など、比較的単純に一問一答で発表者が答えることのできるような質問を募ります。これは、このあと本格的に議論を進めるための前提として確認をしておきたい内容という位置づけです。だいたい5分程度が目安でしょう。もし、ここでの質問で、回答が複雑なものになりそうな場合には、司会者

がいったん引き取って、あとからあらためて話題とします。

　コメンテータを設定している場合には、ここで、司会がコメンテータにコメントを求めます。5 〜 10 分程度が目安になるでしょう。

　このあと、司会は議論を進めます。議論の時間は、90〜120 分授業であれば30 〜 60 分程度でしょうか。

　時間がきたところで、司会は議論を切りあげ、簡潔に議論の内容をまとめます。もちろん、結論を出す必要はなく、どんな話題でどんな意見が示されたという程度でかまいません。必要に応じて、言い残したことがないか参加者に確認し、ゼミを終了します。なお、記録係はこのあいだ、発言者と発言の内容のポイントを書きとっています。必要に応じてあとから清書をしておきます。

表 15-2　発表と議論の流れ

順番	担当者	内容	目安時間	内容	担当者
1	司会	今日のゼミの説明と発表者の紹介を行う	2〜3分	記録をとる	記録係
2	発表者	発表する	15〜20分		
	全員	注意深く発表を聴く			
3	司会	基本的な事項についての質問を募る	5〜10分		
	全員	基本的な事項についての質問を行う			
	発表者	質問に答える			
4	コメンテータ	コメントする	5〜10分		
5	司会	議論を進める	30〜60分		
	全員	議論する			
6	司会	議論を簡潔にまとめ、ゼミを終了する	5分		

Step3 >>> よりよい議論のために１： 何を議論するのか

　それでは、ここからは、発表にもとづいたゼミでの議論の際に、気をつけるべきポイントを紹介することにしましょう。まずは、ゼミの議論で論じる対象は何か、ということから考えていきましょう。

　議論をする際に、まず重要なのは、「〜である」と「〜であるべき」の違いに自覚的になるということです。たとえば、「監視カメラの設置数は増加している」という主張と、「監視カメラの設置数を増加するべきだ」という主張は、まったく別のことであるのはすぐわかりますね。

　前者の「〜である」というのは、事実に関することです。それは、実際にど

うなっているのかの問題で、証拠にもとづいて、その正誤が判断されるべき問題です。他方で後者の「〜であるべき」というのは、価値に関することです。それは、何が大事か、何が善いことでなにが悪いことかという問題で、どのような価値を選択すべきか、その望ましさが検討されるべき問題です。

 ## 事実の問題

ゼミで議論を行う場合、議題となるべきなのは、まずは「〜である」という事実に関する問題です。たとえば「監視カメラの増加」というテーマで自説発表が行われたとしましょう。このとき、まず行われるべきなのは、監視カメラの増加の現状とその背景にある社会的な仕組みや意識のあり方を、議論を通して確認していくという作業です。

それは、具体的には、発表者の資料の読み方は正しいか、発表者が見落としている事例はないか、発表者の分析は筋が通っているか、といったことをゼミの参加者全員で確認し、さらに発表者とは別の観点から分析するとどのような事実がみえてくるのか、といったことを議論しながら明らかにしていく作業です。

ゼミでの議論の中心は、このような、事実をどうとらえるか、ということにあります。多様な視点で資料を検討し、その背景にある社会的な仕組みを読み解き、さらには検討すべき新たな課題を見つけることが、ゼミでの議論のもっとも重要なことなのです[1]。

 ## 価値の問題

とはいえ、もちろん、価値の問題を議題として取りあげてはいけないわけではありませんし、議論が盛りあがるのは、えてして、この価値の問題だったりするのもたしかです。ただ、それだけに、この価値の問題を論じるのは、なかなか難しい、ということも肝に銘じておきましょう。ここでは注意点を2つ指摘しておきましょう。

第1は、「〜であるべき」という価値の問題は、あくまで事実をふまえて議論する必要があるということです。というのも、事実を知ることで、価値判断が変わってくることがしばしばあるからです。

「監視カメラの設置を推進すべきか、すべきでないか」という判断をするとき、実際に監視カメラを設置して犯罪が減少した地区という事例を知ったら、設置を推進すべきだ、と考えるようになるかもしれません。他方で、現在の監視カメラの設置台数を知り、どれほど多くのごくふつうの人の日常生活が撮影され記録されているかを知ったら、これ以上設置を進めるのは避けたいと思うようになるかもしれません[2]。このように、価値の問題を論じるためには、ま

1　もちろん、議論しているうちに、発表者が用意した資料だけでは、事実を知るのに十分ではない、ということがわかってくることもあります。あるいは、発表者の自説は事実の分析として十分でないことがわかる場合もあるでしょう。

こうした場合には、さらにどんな資料があればよいのか、さらに何を調べる必要があるのか、また、自説をどのように修正すればよいのか、こうしたことが、議論のさらなる課題になるわけです。

2　当然のことながら、こうした事実は、さらに議論のなかで検証されなければなりません。

犯罪は本当に減ったのか、減ったとしてその原因は本当に監視カメラの設置のおかげなのか。あるいは、監視カメラで日常生活を撮影されて不快に思う人はどのくらいいるのか。

このような、事実についての検証作業が、ゼミでの議論の第一の課題だというのは前項で述べたとおりです。

ずは事実の裏づけが必要だということは、忘れないでいてください。

第2は、「〜であるべき」について論じるとき、その焦点になるのは、実は、どのような価値基準を採用すべきかであることが多い、ということです。

たとえば、犯罪の防止になるという理由で監視カメラの設置を推進すべきと考えている人は、安全という価値基準の観点からこうした判断をしていることになります。他方で、自分の日常生活が記録されてしまうのは不快だという理由で監視カメラの設置に消極的な人は、プライバシーという価値基準の観点からこうした判断をしていることになります。つまり、監視カメラを設置すべきかどうかについての議論は、結局、安全とプライバシーのどちらの価値基準を重視すべきか、ということについての議論になりやすいのです[3]。

どのような価値基準を重視すべきだと考えるかは、しばしば各人の生き方や信念などと深く関わっており、おいそれと結論は出ないでしょう。このため、こうした議論は、友人がどんな価値基準をもっているのかを知ること、また知らぬ間に自分がどのような価値基準に基づいて判断を下していたのかを発見すること、こうしたことを楽しみながら、慎重に丁寧に進めましょう。

| Step4 >>> | よりよい議論のために2：なんのために議論するのか | >>> |

議論のなかでは、当然、自分と違った見方や見解をもった人と直面することになります。この節では、こうしたときに必要な態度を確認し、最後に議論が成功するとはどのようなことなのかを考えておきましょう。

1 理解すること

議論の場面で、自分と異なった見解をもった人に直面したとき、まず大事なのは、その相手の見解を理解することです。

「え？　反論しないで賛成しちゃうの？」と、思う人がいるかもしれません。これは、大きな誤解です。というのも、理解することと賛成することとは、まったく別のことだからです。

ある人の見解に賛成するというのは、その見解に同意し、それと同じ見解を自分ももつということです。他方で、理解するというのは、その人がその見解をもつ理由や目的、そしてその見解を支える論理構成などを把握するということです。

ですから、相手の見解を理解したけれど賛成はしない、ということは当然生じます。そして、むしろ、理解こそが、反論の前提になるのです。反論という

3　ここではずいぶん単純化して書いてしまいましたが、この問題を、こうした安全とプライバシーの二項対立に還元してしまう議論の仕方は、実はあまり生産的ではないでしょう。

安全についていえば、私たちが「安全」を求めてしまう背景にあるのが、実際の犯罪の危険ではなく、犯罪についての漠然とした不安である、ということをさらに知るべきです。

またプライバシーについていうなら、そもそも監視カメラによって損なわれるプライバシーとはなんなのか、ということについてさらに検討が行われるべきです。

このように、ゼミでの議論を通して、自分たちのもっている価値基準の背景にある社会の仕組みをさらに考えたり、その価値基準そのものの内容についてより深く理解したりできれば、もっと生産的なゼミの議論となることでしょう。なお価値の議論に関しては、Column1でも述べています。参照してください。

のは、相手の見解の弱点や不十分な点を指摘した上で、よりよいと思われる見解を主張することです。こうした反論を実現するためには、相手の見解のどこに不十分な点があるのか見極めなければなりません。そのためにはまず、相手の見解を十分に理解しておく必要があるのです。

 ## 批判すること

このように、相手の見解に対して、その不十分な点を指摘する作業のことを「批判」と呼びます。「批判」と聞くと、何か怖くて酷いことのようなイメージをもつ人もいるかもしれません。しかし、これは、批判を非難と取り違えているから起こる誤解です。

非難というのは、基本的には、人に対して行われることです。これに対して、批判というのは、その人のもつ見解に対して行われることです。「お前ウザイ!」というのはただの非難です。それは人をおとしめる、たしかに酷い行為です。

そうではなく、批判というのは、「あなたの見解のこの点は、こういう理由で不十分である」というかたちをとるものです。それは、むしろ、相手の見解をよりよくするために、修正が必要な点を指摘することでもあって、相手のためになる作業なのです。

ゼミの議論がエキサイトしてくると、しばしば、この批判と非難がごっちゃになってしまうことがあります。何度説明しても自分の見解を理解してくれない相手を「ウザイ」と思ってしまったり、無視してしまったり。こうしたことは、相手の人格に対する攻撃となってしまって、そもそも相手に失礼なことですし、ゼミの議論を不必要に荒れさせるもとになってしまいます。非難でなく批判、ということをゼミの議論では、つねに念頭に置いてください。

また逆にゼミの議論で批判されたとしてもふてくされたり、へこんだりする必要はまったくありません。むしろ批判は、自分を成長させるチャンスと考えた方がよいでしょう。

 ## 議論が成功するとはどういうことか

さて、最後に、ゼミでの議論が成功するとはどういうことかを考えておきましょう。どうなったら、ゼミの議論は成功したといえるのでしょうか?

よくある答えは、反対意見をもった人を論破できれば、またその結果、最後にゼミの全員がひとつの結論でまとまることができれば、そのゼミの議論は成功、というものでしょう。

あえていいますが、これはとてもつまらないゼミの議論のあり方です。これ

はゼミでの議論を、ボクシングや将棋などの勝ち負けのつくゲームだとみなしたり、あるいは学級会のような結論をひとつにまとめる場所だとみなしたりすることからくる不幸な誤解です。

　ゼミでの議論が成功するというのは、それは参加している全員が、各々、ゼミが始まるときとは異なった光景を、ゼミが終わるときに見ていること、です。

　ゼミの参加者のすべてが、自分がそれまで想像もしたことのない事実を知り、思ってもみなかった見方に接し、考えてもみなかった意見に触れることで、ゼミが始まったときにもっていた自分の物の見方や考え方を揺るがされ、ゼミが始まったときとは異なった視界を獲得していること。これがゼミの議論が成功したとき起こっていることなのです。

　ゼミでの議論は、勝ち負けを争うゲームではありません。妥協を繰り返して到達する共通意思の形成でもありません。それは、ゼミの場で協働的に行われる、各人にとっての、創造的な営みなのです。このことは、ぜひ忘れずにいてほしいと思います。

New
新版
Edition

ゼミで学ぶ
スタディスキル

資　料

【課題シート 3A】

【課題シート 3C】

【課題シート 3D】

＊シートは適宜拡大コピーしたり切り取ってご使用ください。

「日本は平等な国」という幻想

橋本健二

格差拡大が話題になると、必ず、このように言い出す人が出てくる。

「格差はいつの時代にもあった」

「格差のない社会はない」

「格差があるのはあたりまえだ」

たしかに、格差はいつの時代にもあったし、格差のない社会はなかった。その意味では、格差があるのはあたりまえだということもできる。しかし、これでは社会について何も語ったことにはならない。

重要なのは、格差があるかないか、ではない。格差の大きさはどの程度なのか。格差は拡大しているか縮小しているか。格差は何か問題を引き起こしているかいないか。これらについて論じる必要がある。

それでは、現代日本では経済的な格差がどの程度の大きさになっているのか。また、格差は拡大傾向にあるのかないのか。基本的な事実を確認することにしよう。

あらかじめ注意しておきたい。一定以上の年齢の日本人、具体的にいうと40歳くらい以上の人々は、若いころから「日本は格差の小さい平等な国だ」という「常識」を、頭のなかに刷り込まれてきている可能性が高い。同じように「日本人の9割は中流だ」という「常識」を刷り込まれてきた人も少なくないだろう。

これらの「常識」は、一度捨ててしまう必要がある。

たしかに高度経済成長の終わりごろにあたる1970年代については、日本の経済格差が小さかったことを示す証拠がいくつかある。しかし日本の経済格差は、1980年ごろから急速に拡大を始め、いまではかなり高い水準にある。「日本人の9割が中流」という説にいたっては、もともと客観的な根拠がなかった。

まず図表1は、主要先進10ヶ国の経済格差の大きさを「ジニ係数」という指標を使って比較したものである。ジニ係数とは、格差の大きさを直感的に理解しやすい数字で表現した優れた指標で、最大値は1、最小値は0である。つまり、独裁者か何かがその社会の富をすべて独占し、他の多数の国民はみんな一文無しという、極端に格差が大きくなった場合には1、逆に国民のすべてが所得400万円というように、所得が完全に均等に配分されているときには、0である。

ジニ係数は、格差の大きさそのものを指標化したものなので、平均所得が高いか低いか、人口規模が大きいか小さいかなどとは関係がない。だから、時代間比較や国際比較にはとても都合がいい。なおジニ係数は、税込みの勤労収入にもとづいて算出するか、税抜きで年金などの社会保障給付を加えた可処分所得で算出するかなどによって違ってくる。ここで示したのは、可処分所得を使って算出したものである。

いちばん格差が大きいのは米国、いちばん小さいのはスウェーデンである。これは、常識的にも納得のいくところだろう。それでは、日本はどうか。日本のジニ係数は0.321で、米国やイタリアよりは小さいが、英国やカナダとはほぼ同レベル。スウェーデンやオランダはもちろんのこと、ドイツやフランスと比べても明らかに大きい。だから主要先進国のなかでみると、日本はきわだって格差が大きいというわけではないが、格差がやや大きい方の国だということができる。「日本は格差の小さい平等な国だ」というある時期までの「常識」は、いまではまったく通用しないのである。

　それでは、以前はどうだったのか。図表2は、同じく主要先進国について1980年代からのジニ係数の変化をみたものである。1980年代中ごろの日本のジニ係数は、0.304といまよりはかなり小さいが、イタリアやフランスとほぼ同じくらいで、すでにかなり高いレベルに達していた。

　1990年代になると、日本の経済格差は拡大してフランスを引き離し、2000年ごろには、米国など格差がもっとも大きい国々に接近するまでになった。その後は90年代のレベルに戻ったが、格差がやや大きい方の国という性格は変わっていない。

図表1　先進諸国の経済格差（ジニ係数）

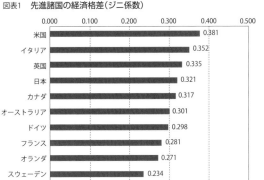

（出展）OECD, 2008, Growing Unequal? Income Distribution and Poverty OECD Countries.

図表2　先進諸国の経済格差の変化

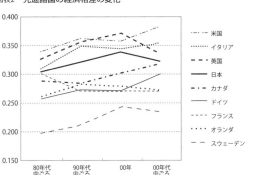

（出展）OECD, 2008, Growing Unequal? Income Distribution and Poverty OECD Countries.

　そして最近の日本では、こうした大きな経済格差が、さまざまな問題を引き起こしていると指摘されるようになった。働いても働いても、まともな生活ができない貧困層が増加した。拡大した格差は子どもにも影響し、どんな教育を受けることができるか、どんな進路を選ぶことができるかなどが、親の経済状態に大きく左右されるようになった。さらに若い人々の中には、貧困のため、結婚して家族をもつこともできない人が増えた、などである。

　日本は平等な社会ではない。経済格差は大きく、すでに多くの問題を引き起こしている。このことが、日本が「格差社会」と呼ばれるようになった理由にほかならない。

出所：橋本健二，2009，『貧困連鎖：拡大する格差とアンダークラスの出現』大和書房．pp.22-28（著者により一部改変）

【課題シート3C】

課題文を読むときの重要箇所への線の引き方の例です。ただ大事だと思ったところに線を引くだけでなく、課題文の構造が把握しやすいように自分なりに工夫してみましょう。たとえば重要な語句には目立つように印をつけたり、その語句を説明している部分と矢印で結んだりしてみましょう。

また内容によって下線やカッコの種類を変えてみるのもよいでしょう。こうした印をつけながら読んでおくと、あとから要約がとてもしやすくなります。

いちばん格差が大きいのは米国、いちばん小さいのはスウェーデンである。これは、常識的にも納得のいくところだろう。それでは、日本はどうか。日本のジニ係数は 0.321 で、米国やイタリアよりは小さいが、英国やカナダとはほぼ同レベル。スウェーデンやオランダはもちろんのこと、ドイツやフランスと比べても明らかに大きい。だから主要先進国のなかでみると、日本はきわだって格差が大きいというわけではないが、格差がやや大きい方の国だということができる。「日本は格差の小さい平等な国だ」というある時期までの「常識」は、いまではまったく通用しないのである。

それでは、以前はどうだったのか。図表2は、同じく主要先進国について 1980 年代からのジニ係数の変化をみたものである。1980 年代中ごろの日本のジニ係数は、0.304 といまよりはかなり小さいが、イタリアやフランスとほぼ同じくらいで、すでにかなり高いレベルに達していた。

1990 年代になると、日本の経済格差は拡大してフランスを引き離し、2000 年ごろには、米国など格差がもっとも大きい国々に接近するまでになった。その後は 90 年代のレベルに戻ったが、格差がやや大きい方の国という性格は変わっていない。

そして最近の日本では、こうした大きな経済格差が、さまざまな問題を引き起こしていると指摘されるようになった。働いても働いても、まともな生活ができない貧困層が増加した。拡大した格差は子どもにも影響し、どんな教育を受けることができるか、どんな進路を選ぶことができるかなどが、親の経済状態に大きく左右されるようになった。さらに若い人々の中には、貧困のため、結婚して家族をもつこともできない人が増えた、などである。

日本は平等な社会ではない。経済格差は大きく、すでに多くの問題を引き起こしている。このことが、日本が「格差社会」と呼ばれるようになった理由にほかならない。

出所：橋本健二、2009、『貧困連鎖：拡大する格差とアンダークラスの出現』大和書房, pp.22-28（著者により一部改変）

図表1　先進諸国の経済格差（ジニ係数）

	0.000	0.100	0.200	0.300	0.400	0.500
米国					0.381	
イタリア					0.352	
英国				0.335		

【課題シート3A】

「日本は平等な国」という幻想

橋本健二

格差拡大が話題になると、必ず、このように言い出す人が出てくる。

「格差はいつの時代にもあった」
「格差のない社会はない」
「格差があるのはあたりまえだ」

たしかに、格差はいつの時代にもあったし、格差のない社会はなかった。その意味では、格差があるのはあたりまえだということもできる。しかし、これでは社会について何も語ったことにはならない。

重要なのは、格差があるかないか、ではない。格差の大きさはどの程度なのか。格差は拡大しているか縮小しているか。格差は何か問題を引き起こしているかいないか。これらについて論じる必要がある。

それでは、現代日本では経済的な格差がどの程度の大きさになっているのか。また、格差は拡大傾向にあるのかないのか。基本的な事実を確認することにしよう。

あらかじめ注意しておきたい。一定以上の年齢の日本人、具体的にいうと 40 歳くらい以上の人々は、若いころから「日本は格差の小さい平等な国だ」という「常識」を、頭のなかに刷り込まれてきている可能性が高い。同じように「日本人の 9 割は中流だ」という「常識」を刷り込まれてきた人も少なくないだろう。

これらの「常識」は、一度捨ててしまう必要がある。

たしかに高度経済成長の終わりごろにあたる 1970 年代については、日本の経済格差が小さかったことを示す証拠がいくつかある。しかし日本の経済格差は、1980 年ごろから急速に拡大を始め、いまではかなり高い水準にある。「日本人の 9 割が中流」という説にいたっては、もともと客観的な根拠がなかった。

まず図表1は、主要先進 10 ヶ国の経済格差の大きさをジニ係数という指標を使って比較したものである。ジニ係数とは、格差の大きさを直感的に理解しやすい数字で表現した優れた指標で、最大値は 1、最小値は 0 である。つまり、独裁者か何かがその社会の富をすべて独占し、他の多数の国民はみんな一文無しという、極端に格差が大きくなった場合には 1、逆に国民のすべてが所得 400 万円というように、所得が完全に均等に配分されているときには、0 である。

ジニ係数は、格差の大きさそのものを指標化したものなので、平均所得が高いか低いか、人口規模が大きいか小さいかなどとは関係がない。だから、時代間比較や国際比較にはとても都合がいい。なおジニ係数は、税込みの勤労収入にもとづいて算出するか、税抜きで年金などの社会保障給付を加えた可処分所得で算出するかなどによって違ってくる。ここで示したのは、可処分所得を使って算出したものである。

【課題シート 3D】

段落番号	本　文
①	格差拡大が話題になると、必ず、このように言い出す人が出てくる。 「格差はいつの時代にもあった」 「格差のない社会はない」 「格差があるのはあたりまえだ」
②	たしかに、格差はいつの時代にもあったし、格差のない社会はなかった。その意味では、格差があるのはあたりまえだということもできる。しかし、これでは社会について何も語ったことにはならない。
③	重要なのは、格差があるかないか、ではない。格差の大きさはどの程度なのか。格差は拡大しているか縮小しているか。格差は何か問題を引き起こしているかいないか。これらについて論じる必要がある。
④	それでは、現代日本では経済的な格差がどの程度の大きさになっているのか。また、格差は拡大傾向にあるのかないのか。基本的な事実を確認することにしよう。
⑤	あらかじめ注意しておきたい。一定以上の年齢の日本人、具体的にいうと 40 歳くらい以上の人々は、若いころから「日本は格差の小さい平等な国だ」という「常識」を、頭のなかに刷り込まれてきている可能性が高い。同じように「日本人の 9 割は中流だ」という「常識」を刷り込まれてきた人も少なくないだろう。
⑥	これらの「常識」は、一度捨ててしまう必要がある。
⑦	たしかに高度経済成長の終わりごろにあたる 1970 年代については、日本の経済格差が小さかったことを示す証拠がいくつかある。しかし日本の経済格差は、1980 年ごろから急速に拡大を始め、いまではかなり高い水準にある。「日本人の 9 割が中流」という説にいたっては、もともと客観的な根拠がなかった。
⑧	まず図表 1 は、主要先進 10 ヶ国の経済格差の大きさを「ジニ係数」という指標を使って比較したものである。ジニ係数とは、格差の大きさを直感的に理解しやすい数字で表現した優れた指標で、最大値は 1、最小値は 0 である。つまり、独裁者か何かがその社会の富をすべて独占し、他の多数の国民はみんな一文無しという、極端に格差が大きくなった場合には 1、逆に国民のすべてが所得 400 万円というように、所得が完全に均等に配分されているときには、0 である。
⑨	ジニ係数は、格差の大きさそのものを指標化したものなので、平均所得が高いか低いか、人口規模が大きいか小さいかなどとは関係がない。だから、時代間比較や国際比較にはとても都合がいい。なおジニ係数は、税込みの勤労収入にもとづいて算出するか、税抜きで年金などの社会保障給付を加えた可処分所得で算出するかなどによって違ってくる。ここで示したのは、可処分所得を使って算出したものである。
⑩	いちばん格差が大きいのは米国、いちばん小さいのはスウェーデンである。これは、常識的にも納得のいくところだろう。それでは、日本はどうか。日本のジニ係数は 0.321 で、米国やイタリアよりは小さいが、英国やカナダとはほぼ同レベル。スウェーデンやオランダはもちろんのこと、ドイツやフランスと比べても明らかに大きい。だから主要先進国のなかでみると、日本はきわだって格差が大きいというわけではないが、格差がやや大きい方の国だということができる。「日本は格差の小さい平等な国だ」というある時期までの「常識」は、いまではまったく通用しないのである。
⑪	それでは、以前はどうだったのか。図表 2 は、同じく主要先進国について 1980 年代からのジニ係数の変化をみたものである。1980 年代中ごろの日本のジニ係数は、0.304 といまよりはかなり小さいが、イタリアやフランスとはほぼ同じくらいで、すでにかなり高いレベルに達していた。
⑫	1990 年代になると、日本の経済格差は拡大してフランスを引き離し、2000 年ごろには、米国など格差がもっとも大きい国々に接近するまでになった。その後は 90 年代のレベルに戻ったが、格差がやや大きい方の国という性格は変わっていない。
⑬	そして最近の日本では、こうした大きな経済格差が、さまざまな問題を引き起こしていると指摘されるようになった。働いても働いても、まともな生活ができない貧困層が増加した。拡大した格差は子どもにも影響し、どんな教育を受けることができるか、どんな進路を選ぶことができるかなどが、親の経済状態に大きく左右されるようになった。さらに若い人々の中には、貧困のため、結婚して家族をもつこともできない人が増えた、などである。
⑭	日本は平等な社会ではない。経済格差は大きく、すでに多くの問題を引き起こしている。このことが、日本が「格差社会」と呼ばれるようになった理由にほかならない。

執筆者紹介

南田　勝也（みなみだ　かつや）（はじめに、1、2、4、6、7、11、12、13、14 章）

関西大学 大学院 社会学研究科 博士課程後期課程修了　博士（社会学）

現在：武蔵大学 社会学部 メディア社会学科 教授

主要著書

　『ロックミュージックの社会学』（単著、青弓社、2001 年）

　『文化社会学の視座──のめりこむメディア文化とそこにある日常の文化』（共編著、ミネルヴァ書房、
　　　2008 年）

　『オルタナティブロックの社会学』（単著、花伝社、2014 年）

　『メディア社会論──「あたりまえ」に身近にあるメディアとどのように向き合うか』（共編著、有斐閣、
　　　2018 年）

　『私たちは洋楽とどう向き合ってきたのか──日本ポピュラー音楽の洋楽受容史』（編著、花伝社、2019 年）

　『音楽化社会の現在──統計データで読むポピュラー音楽』（共編著、新曜社、2019 年）

　『岩波講座　社会学　第 12 巻　文化・メディア』（共著、岩波書店、2023 年）

矢田部　圭介（やたべ　けいすけ）（3、6、7、12、15 章）

慶應義塾大学 大学院 社会学研究科 後期博士課程所定単位取得退学

現在：武蔵大学 社会学部 社会学科 教授

主要著書

　『社会学とすごす一週間』（共著、学文社、2003 年）

　「親密性と汝指向──シュッツの〈形式的な概念〉が示唆すること」，『ソシオロジスト』No.7，武蔵社
　　　会学会、2005 年

　『社会学の饗宴 1　風景の意味──理性と感性』（共著、三和書籍、2007 年）

　「親密性と共在・覚書──グレゴリー・コルベール『Ashes and Snow』展によせて」，『ソシオロジスト』
　　　No.10，武蔵社会学会、2008 年

　『アイデンティティと社会意識──私のなかの社会／社会のなかの私』（共編著、北樹出版、2012 年）

山下　玲子（やました　れいこ）（5、8、9、10、14 章）

一橋大学 大学院 社会学研究科 博士後期課程単位取得退学

現在：東京経済大学 コミュニケーション学部 教授

主要著書

　『文化としての暴力』（共著、森話社、2006 年）

　『多様化するメディア環境と人権』（共著、御茶の水書房、2006 年）

　『ステレオタイプとは何か──「固定観念」から「世界を理解する "説明力"」へ』（監訳、明石書店、2007 年）

　『ニュースはどのように理解されるか──メディアフレームと政治的意味の構築』（共訳、慶應義塾大学
　　　出版会、2008 年）

　『アイデンティティと社会意識──私のなかの社会／社会のなかの私』（共編著、北樹出版、2012 年）

　『産業・組織心理学エッセンシャルズ（第 4 版）』（共著、ナカニシヤ出版、2019 年）

ゼミで学ぶスタディスキル【新版】

2011 年 4 月 20 日	初版第 1 刷発行
2013 年 4 月 10 日	改訂版第 1 刷発行
2016 年 4 月 1 日	改訂版第 4 刷発行
2017 年 3 月 1 日	第 3 版第 1 刷発行
2023 年 4 月 10 日	第 3 版第 8 刷発行
2024 年 4 月 10 日	新版第 1 刷発行
2024 年 9 月 20 日	新版第 2 刷発行

著　者　　南 田 勝 也
　　　　　矢 田 部 圭 介
　　　　　山 下 玲 子
発行者　　木 村 慎 也

・定価はカバーに表示

印刷　新灯印刷／製本　和光堂

発行所　株式会社　北 樹 出 版

http://www.hokuju.jp

〒 153-0061　東京都目黒区中目黒 1-2-6
TEL：03-3715-1525（代表）　FAX：03-5720-1488